障害を抱きしめて

もう一つの生き方の原理
インクルージョン

鈴木文治
Suzuki Fumiharu

ぷねうま舎

装丁＝矢部竜二《Bow Wow》

はじめに　インクルージョンとは何か

私は人生の大半を、障害のある子どもたちの教育に携わってきた。中学校の特殊学級の担任として、さまざまな障害や不登校や非行、外国籍などのいわゆる「学校生活に適応できにくい生徒」の指導にかかわり、与えられた課題ができないこと、周囲に適応できないことに苦しみ、劣等感を抱える子どもたちと付き合ってきた。同時に、そうした子どもたちの家庭にもいろいろな課題のあることが多く、そこで、保護者としていかにして障害受容をするのかなどの相談にも応じてきた。

そんな中で、障害のゆえに差別を受け、排除される現実に立ち合ってきた。障害のある子どもが学校でいじめに遭うことにも、仲間はずれにされることにも、また差別する教師たちとも向き合った。そして、新設養護学校が設立されるときの、地域住民の反対運動も目の当たりにしてきた。

障害があるというだけで、普通とは違う人たちというラベリングがなされ、学校でも社会でも特別視され、特別な対応が必要だと、ごく普通に考えられている。現代の社会では、障害者の支援という観点からさまざまな取り組みがなされ、それを維持し推進するための制度があり、障害者一人ひとりのニーズに合わせた対応が取られるようにはなっている。

そうした障害に対する特別な対応は、近代思想が生んだ人権の尊重という理念の浸透によって確立したものだが、しかしその一方で、特別な手立てを必要とする人々への差別・偏見・排除は、一向になくなる傾向を見せない。社会には、障害者を特別扱いすること自体に不満を持つ人がいるのか。障害に対する偏見が薄らぐ気配すらみせず、人々の意識の底にしこっているのはなぜなのか。「健康ブーム」あるいは「健康ノイローゼ」とも言われる風潮の中で、障害が見えない場所へと排除されようとする、その原因はどこにあるのか。

右の問題を考えるための一つの道として、キリスト教における障害者の問題をいくつかの角度から取り上げて検証してみたい、これがこの本を書こうと思った動機である。キリスト教は、西洋ではギリシャ思想と並んで、社会の根幹をなした思想潮流であることに間違いはない。今日に至るるキリスト教の流れにおいて、障害者はどのように見られてきたのか。これを知ることは社会と宗教とのかかわりを知る上でも、また個々の人としての生き方を探る上でも、きわめて重要だと考えているからである。

日本では、キリスト教は西洋文明の導入にともなって、宗教として、また文化として取り入れられ、土着化してきた。中でも、キリスト教的博愛主義は、障害者をはじめとする弱者の、また生活困窮者の救済活動に大きな成果を上げたとされている。もし、日本にキリスト教が入ってこなかったら、障害者の学校や、各種の施設の発展はなかったであろう。だがその一方で、教会が障害者を受け入れないという現実は覆うべくもなく、その状況はいまもなお続いている。特に知的障害者は教会から排除されている。なぜ、そうなのか。キリスト教は愛の宗教ではないのか。そもそもキリスト教には、障害者を排除する原理があるのだろうか。

私が、障害児教育を生涯の職業として選んだ理由は二つある。

その一つは、私自身が障害者であることだ。言語障害と視覚障害で、吃音と色覚異常が私の障害である。後に私は、言語障害も視覚障害も遺伝性のもので、家系的に受け継がれ、継続されてきたものだと知った。祖父はどもりの市太郎、通称「ドモイチ」と呼ばれていた。私は「ドモブン」と言われた。色覚異常は兄弟、従兄弟、甥にまで拡散している。係累の多くが、障害のゆえに、きわめて不愉快な思いを数多く経験してきたのである。

吃音を馬鹿にされ、泣きながら家に帰ったこともある。身体検査では、すでに色覚異常の判定が出ているのに、毎年ハンで押したようにその判定が繰り返され、その度に周囲の人から奇異な目で見られるといったことが続いた。「石原式色覚異常検査表」なるものがあり、それが軍人になる適否を探るものであったことを後に私は知って、障害者は軍人には適さない者、すなわち人殺しにはなれない者で、むしろ恵まれているではないかと思ったことさえある。この「石原式色覚異常検査表」を考案した陸軍軍医であった石原忍は、当時の『朝日新聞』紙上で社会貢献の栄誉を称えられ、表彰されたという。戦争に加担し、差別を助長した当時のジャーナリズムの一端がここにも見られる。

私に貼られた色覚異常者のレッテルは、やがて職業選択の悩みをもたらすこととなった。私の中の障害は、その頃、次第に浮かび上がって、はっきりした形を取り始めた、教師になりたいという願望を煮詰めていき、障害のある子どもの教師になるという決意に結びついた。また同時に、小学校入学前に患った小児結核は、私を病弱な人間につくり上げていた。このことも障害児への共感を育み、その教育に携わりたいという希望を培った理由であったろう。

そしてもう一つの理由は、キリスト教との出会いである。高校時代に信州の教会に通い始めた私は、やがて川崎の教会に通うことになるのだが、その教会には保育所があり、障害のある幼児が保育されていた。当時は障害児の受け入れを拒否する保育所が多い中で、教会がそれを引き受けていることの重さを知ることができ、キリスト教の博愛主義、隣人愛の一端に触れた気がしたのだ。クリスチャンの教師として生きるのであれば、ぜひとも障害の重荷を負った子どもたちの教師になろうと心が決まったのである。

その後、障害のある子どもたちの教育現場に立ち、また教育行政の仕事にも就いて、教育や福祉の課題と取り組み、障害について考え続けてきた。その一方、ホームレスや言葉のない知的障害者、貧しい外国人居住者の集まる教会の牧師を務めることになった。その教会は、苦しむ者がお互いを受け入れ合い、支え合う共同体としての教会であり、上下関係のない共生の教会、今日の言葉で言えば、インクルーシブ・チャーチ（包み込む教会）であった。ホームレスや外国人居住者の中には、障害のある人たちが大勢いた。彼らと共に過ごしつつ、やがて障害とは何かを教師の目で捉えることから、神は障害をどう見ているのかを問うキリスト者としての視点へと移行していった。

障害は神の与える罰なのか、神の特別な恵みなのか。この問いは同時に、私自身の問いでもあった。私の障害の意味とは何か、言語障害を持つ私が牧師になれるのか。牧師は、神の言葉を会衆に語る者である。言葉に難のある私にそれが務まるのか、私の説教を人々は聞き続けてくれるのか、と。

私は、障害のゆえに苦しむ人たちと共に生きつつ、神の答えを待ち続けた。神は障害をどのように見ておられるのか。私は、神の御心《みこころ》を探ろうとしていたのである。

間もなく、齢七〇となる。障害に悩み、障害の意味を問い続けながら、牧師として会衆に神の言葉を語っている。理屈で言えば、「欠け」のある者を神は選ばれたということになる。だが、私にとっては、それは答えにならない。

「インクルージョン」の理念が、世界に浸透しつつある。実際には排除と分断が進む社会にあって、分け隔てのない、包み込む社会と包括する教育が求められる時代になっている。このような時代背景において、障害者の位置づけや、彼らとの対応をいかに考えればよいのか。教育者として私は、インクルーシブ教育に取り組んできたが、その一方で、ソーシャル・インクルージョンという視点に立ち、誰をも受け入れるインクルーシブ・チャーチの牧師として、教会はどうあったらよいのかを探ってきたのである。

本書は、そのような思いで書かれた。すなわち本書は、これまで私なりに障害と障害者と共に生き、共に問うてきたことの延長線上にあり、そのささやかな報告である。

障害を抱きしめて＊目　次

I 障害を生きる

第一章　仲間になるということ

1　ホームレス障害者

ホームレスの人数は年々減少している。この統計的な傾向は、日本社会の経済格差や貧困の拡大という実情に反していると思われるが、厚生労働省が推進する「自立支援法」の実施に基づく、自治体の「ホームレス自立支援政策」が功を奏してきたとされている。一定期間入所させて生活・職業相談を行う自立支援センターの活動や、緊急措置的な一時宿泊のためのシェルター設置などが、数値減少の要因とされる。しかし、これだけひどい貧困状況の拡大と深化があるのに、ホームレスの数が減少しているとは考えにくい。むしろホームレスに転落する可能性のある人々、ボーダーラインに立つ人々がそれこそ膨大に増えていること、この点に注目する必要があるだろう。

ホームレスの人数は、全国統計を取り始めた二〇〇三年と二〇一七年とを比較すれば、次頁の

	2003 年	2017 年
全国	25,296	5,534
横浜	470	531
川崎	829	341

表のようになる。私の居住する神奈川県の横浜市と川崎市の人数も併記した。

かつて、川崎市には最大で一四〇〇人ものホームレスの人々がいた。川崎市は、京浜工業地帯の中核となる工業都市として発展してきた地域である。その発展を底辺で支えてきたのが日雇い労働者であった。企業が雇用対策の安全弁として雇用してきた日雇い労働者たちは、経済状況の変化によって路上生活を強いられることになる。特に、一九九八年の景気後退を境に、ホームレスの人々が大量に生み出され、地域との軋轢《あつれき》が始まった。

私が牧師を務める教会は、川崎市の南部にある日本キリスト教団桜本教会である。この桜本教会がホームレス支援活動を開始したのは、一九九四年からであった。始めは、横浜の寿《ことぶき》地区の支援活動者の呼びかけに応えて、川崎市での支援活動が始まったのだが、今年〔二〇一八年〕で二六年目を迎えている。その詳しい活動内容はここでは触れないが、現在に至るまでの地域の反対運動への対応、当初は協力関係にあった政治団体との訣別、また教会の内外でのもろもろのもめ事などの経験を経て、今日では地域住民に理解と支援の輪が広がり、全国からも支援物資が届くようになった。ようやくさしたる問題もなく、ホームレスの人々と向き合い、共生の教会づくりができるようになってきている。

一方、障害児教育の教師として人生の大半を過ごしてきた私は、川崎市立中学校の特別支援学級の担任、神奈川県教育委員会などを経て、盲学校長、養護学校長を経験してきた。教育委員会に勤務する前には、教育センターに属して障害のアセスメント（実態把握）をする仕事に就いたこともある。こうした経験を経ながら、ホームレスの人々に現場でかかわるようになり、やがて彼らの中に障害のある人たちが大勢いることを改めて知るにいたった。

一九九四年頃はホームレスの人々が多く、週二日（木曜日、日曜日）の食事と衣類、日用品の提供、また生活相談には、毎回一〇〇人を越える人々が集まり、小さな教会には入りきれない状態が続いた。多摩川を越えて東京からもやってくるのだった。彼らの顔と名前を覚え、教会に招き入れる中で、障害のある人たちが少なからずいることに気づき始めた。

ホームレス支援活動にかかわっている人たちから、障害者がかなりの数に上ることを教えられていたし、すでに精神科医や臨床心理士の調査結果も出されていて、全体の三割以上に知的障害のあることが報告されていた。それに加えて、私は障害児教育の専門家であり、障害による不適応を見分けることができたということもある。

ホームレスの人々の中の障害者と交わり、相談を受けつつ、単に食事や生活用品を支給するだけでは、彼らを守り、支え続けることはできないことを知った。そこに、教育や福祉の課題のあることが見えてきた。ホームレス支援から生活保護の支給手続きに移行しても、生活全体を支えるキーパーソンがいなければ、彼らの生活は成り立たない。障害福祉や障害児教育の分野での

「支援員」（キーパーソン）の存在なくしては、日常生活が困難になるのだ。障害者を支えるツールとしての「生活支援」が、そこには必要であった。さらに、彼らの生い立ちを聞き取り、障害ゆえの家族からの疎外経験や愛着障害の実態も見えてきた。他者との信頼関係が形成されにくく、仲間づくりも上手にできないこともわかってきた。教会として与えられるものは、人への信頼である。それには仲間として迎え入れることと、何より障害者として排斥されてきた彼らが、安心して憩える「居場所」づくりとが必要であった。

二〇年にわたる彼らとの交わりを踏まえて、彼らの実態と必要とされる支援の内容についてまとめたのが、『ホームレス障害者――彼らを路上に追いやるもの』（日本評論社、二〇一二年）という本である。ここでは、個々の事例を上げて、障害のある人がホームレスになっていく実態とそこに見られる課題について報告した。一人ひとりの人生は本当に重く、過酷な生活を余儀なくされ、結果としてホームレスになっていく過程を書きとめた。障害のある人がホームレスになっていく、その過程には何があったのか。どうすればよかったのか。そこには障害者の自己責任というには、あまりに過酷な現実があった。こうした視点に立って、この問題は社会の問題として捉えるべきなのだということを主張したのである。

その後、私は大学の教員となり、「障害者福祉論」という授業を担当し、ホームレス障害者を題材として、学生たちに福祉や教育の課題を考えさせる授業を行っている。学生にとっては初めて知ることであり、大学にはホームレス支援に取り組む教員もいないために、多くがその実態に驚きの声を上げる。そして、ボランティアとして教会にやってくる学生もいる。障害者、高齢者、子どもの福祉についてはなんらかの仕方で学ぶ学生たちと、福祉の分野からも踏み込めない、知られざるホームレスの実情と課題について共に考える実践型の授業となっている。

また、この授業では在日朝鮮人の友人に講師を依頼し、講義を持ってもらっている。「在日朝鮮人の人権、障害、福祉」の実情について学生たちが知る機会を設けているのである。福祉の授業ではほとんど取り上げられない日本社会の排除の一断面を、当事者自身に語ってもらう場面を設定しているのである。福祉とは、社会の構成員がお互いに支え合うためにあるものだが、実際には社会の片隅に追いやられ、その実態が見えていない人や集団もある。否、見えなくさせているものがある。それを学生たちに見せ、社会のあり方を考える機会としたいと考えている。

さて、以下にホームレスとなった障害者について、とりわけキリスト教信徒になった者たちについて記す。教会でのかかわりを中心に、ここでは彼らをどう支えていくかを考えてみよう。

1　クニさんの仕事――知的障害と難聴の重複障害

私たちは、彼のことを「クニさん」と呼んでいた。彼は七二歳で亡くなったが、死因は交通事故によるものであった。夜半に空き缶拾いをし、赤信号の横断歩道を渡っている最中に、若者の乗るバイクに跳ねられ、数メートルも飛ばされて路上に叩きつけられた。ほぼ即死であった。次の週、教会で彼の葬儀が行われた。彼を偲ぶ会では、生前のクニさんのことがこもごもに語られた。教会にきて一〇年以上が経ち、洗礼を受けて信徒になっても、彼の生活についてはほとんど誰も知らなかった。ホームレスの人たちが語る彼の姿から、もっと深い人との交わりを求めていたことを新たに知らされ、強い後悔の念に駆られる話であった。

クニさんは長崎に生まれ、母親が聾啞者であったためか、彼にも生まれつきの難聴があった。教会にきても、耳元に口を寄せて大声で話さなければ通じない場面があった。母親は身振り手振りでコミュニケーションをとったという。その母親が地域社会から馬鹿にされていたことが悔しかったと、クニさんは語ったことがある。彼自身の障害である難聴のゆえに、人とのコミュニケーションが上手にとれず、いつもクニさんは孤独であった。早朝に大声で叫ぶように話していて、住民から注意を受けたこともあったという。

だが、彼には難聴だけでなく、知的障害もあったことが、生活する上でさまざまな困難を生じさせていた。字の読み書きができない。信徒になり、礼拝の当番となって、祈りを記した用紙を手にしても、その平仮名が読めない。なにしろ自分の名前もきちんと書けないのだ。

クニさんは教会の仕事をやりたがった。他人にほめられた経験がなかったのだ。だから教会の仕事で認められたかったのであろう。だが、彼に仕事の手順をわかりやすく教えても、その通りにはできなかった。あるときは、ホームレスの人々の荷物を置く場所に雨がかからないようにと、教会の壁にテントを張った。そのテントを降ろす手巻き器具を使いたがり、力任せにやったために、器具が破損してしまった。彼に任せたことを、私は悔いた。単純な作業でも、彼には困難な仕事だったのだ。

教会の仕事をやりたい、そんな彼の仕事としてようやく落ち着いたのは、結局、教会に入る人のためにスリッパを整えることであった。これなら多少動作が緩慢であっても間違えることはない。床に跪いてスリッパを差し出す彼には、いつも笑顔の絶えることがなかった。教会のために、人のために何かをしたいという彼の思いが、やっと実現したのだった。

偲ぶ会のとき、ホームレスの仲間が語ったことをいまでも思い出す。彼はいつも一人ぽつんと公園のベンチに腰掛けていたという。障害のゆえにコミュニケーションがとれず、話し相手や仲間はいなかったのだ。教会でも、洗礼を受けた後の挨拶で、「仲間にしてください、仲間にしてください」と何度もお辞儀をしていたことを昨日のことのように思い出す。独りぼっちで生きてきた彼が、ようやくたどり着いた教会で仲間に出会えた。その仲間と一緒に生きていきたい。それが彼の望みだったのだ。

障害は他者との関係の形成を阻むことがあり、孤独感を抱えて生きる人が多い。これは他者に心を開けない臆病さをつくる原因ともなる。長い間、人と共に何かをする経験のなかった人は、他人は自分をわかってくれないと思い、他者に対する警戒心が強くなって仲間意識が育たないのである。

クニさんから私は、障害者の孤独を知らされた。その孤独をつくったのは、彼の生育歴、そして人生において彼とかかわった人たちである。孤独を生きたクニさんに出会って、ホームレスの人たちを迎え入れる教会のなすべきことが鮮明になった。それは、「仲間として共に生きる者になる」ということである。

障害者との共生には、難しい理屈は要らない。それは彼が心を開いてくれる仲間になれるかどうかという点にかかってくる。彼を受け入れ、共に生きることは、私たち自身も神によって教会に入れられ、仲間にされていることに拠っている。教会の家族として生きる、それがはっきりしていれば、どんな人でも共に生きられるのだ。

2 ノリさんの場合──知的障害

ノリさんは、今年七六歳になる。一五年前の復活祭（イースター）礼拝で洗礼を受けた。

ノリさんには二つの顔がある。機嫌のよいときには好々爺然とした表情を絶やさない。どんなことにも笑顔で応じてくれる。ポツリとささやくように語る表情も、人なつっこい性格を語っている。周りの雰囲気も明るくなり、そんなときは、ノリさんにたくさん声がかかる。しかし、機嫌の悪いときはすぐに怒り、ふてくされ、感情をあらわにして怒鳴る。そのまま帰って行って、何週間も教会にはこない。

ノリさんは、一見してホームレスとわかる風貌をしている。肩まで垂らした白髪交じりの髪は汚れていて、近寄ると臭う。ヒゲは伸び放題、衣類は何日も着たきりの服で登場する。服にもズボンにも汚れやシミがついていて、そのまま礼拝で椅子に座ると、座布団に汚れがつく。

ノリさんは教会にきて二三年になる。食事をし、衣類をもらう教会生活で、やがて自分から進んで準備や後片づけをするようになった。その気持ちは嬉しかったが、なにしろ彼の発する異臭には全員が閉口した。最初は風呂券、下着や靴下などの衣類、石けんや歯ブラシ、ひげそり、タオルといった日用品をあげたが、そのうちに何をあげても彼はそれを上手に使えないことがわかってきた。自分から「……が欲しい」とは言わない。見かねて必要と思うものを用意するが、それらはノリさんにとって興味のないものだった。

教会では、小さな紙に必要なものを三点書いてもらい、それを確認して提供することにしている。ひと月に三点のものを書いてもらい、それを用意して提供するのだ。誰が書いたかわかるようにして、パソコンで管理する。それはホームレスの人たちの情報を知り、彼らを守るためでもあった。

ノリさんは物を渡しても、それを使ったり、管理したりすることができない。教会にくるホームレスの多くが、着ている衣類や身だしなみから、一見してホームレスと見えないようになっていくのは、全国から届けられる衣類の配布が充実しているからである。ところが、ノリさんはいつまで経ってもホームレス然としている。何度もこれに着替えたら、これでお風呂に行ったら、と勧めても一向に応じない。彼を心配する教会の信徒が、自分のアパートに連れて行ってご飯を食べさせたが、できることはそこまでで、泊めることはできなかったという。異臭に耐えられなかったからだ。

ノリさんには知的障害があった。教会の当番の祈りで渡した平仮名の文章はまったく読めない。そのための用紙を渡しても、必要な物品を書くことができなかった。人間関係も、よほどこちらが配慮した上でなければ、成立しなかった。何よりも機嫌のよいときと悪いときとの違いがはっきりしていて、自分で感情の抑制が利かない人だった。人と一緒に生きるための最低限の身だしなみや人間関係のルールという、社会人として生きる上で必要なものがすっかり欠落していた。

ノリさんは飯場で土方として働いていたが、体調を崩してホームレスとなった。横浜、東京と流れ歩き、川崎にたどり着いた。体つきを見ても、土方で働ける体力はない。半端仕事で使ってもらっていたのだろう。

やがて、川崎市で生活保護を受けるようになった。生活保護費は約一二万円。それに教会の食事や衣類・生活用品の配布がある。これでのんびりと老後を過ごせる。よかったねと、私たちは声をかけた。

だが、ノリさんの生活は落ち着いたのではなかった。福祉を受けて入居できたアパートを一年で追い出され、生活保護を打ち切られたのだ。どうしてか。彼には自分の身の回りのことが整理できない。金銭管理となれば、なおさらである。アパート代を二カ月滞納して、アパートを追い出されたのだ。では何にお金を使ったのか。競輪、競馬、パチンコである。生活保護のお金が支給されると、そのお金を掴んでパチンコに走った。競輪場へ行った。博打は身の破滅である。彼にはそのことがわからなかった。

ホームレスから生活保護の受給者になった人の中には、博打に明け暮れる人がいる。ほぼ一二万円の受給額の中から、三万円を酒代に使うと決めている人もいる。受給費を受け取るその場で、ヤミ金融の取り立てにあう人も多くいる。

ノリさんは酒を飲まない。だが、生活管理ができないために、福祉を受けてもそれで生活自立ができないのだ。教会員が彼を支えようと、支給日に買う物のリストをつくり、一緒に買い物をしたこともある。しかし、彼はすぐにそれを断り、自分で使える金にしたいと言う。博打をやめて、支給日に必要な物をまとめて買っておくようにと、私は何度言ったかわからない。彼はその助言が気に入らないのか、半年間教会にこなかった。再び生活保護を受けられるようになったが、それもまた一年しかもたなかった。何回かそんなことを繰り返し、再び生活保護が受けられるようになったと彼から聞くたびに、アパート探しを手伝う。

ノリさんのように知的障害があり、生活管理のできない人には、生活保護を受けたからもう安心ということはない。そこから先の支援が大切なのだ。教会が支えられる部分は小さい。このような人をもっと生活ごと支えるシステムをつくることが大切なのだ。

私はいま、大学の教師をしながら、川崎のある社会福祉協議会にかかわっている。この地域の取り組みとして、「グッドネイバーズ」というボランティア・グループがある。文字通り「良き隣人」の意で、地域の何かしら問題を抱えた人に対してボランティアとしてかかわっていく仕組みである。ボランティア登録と困窮者の申し出とのコーディネーターを、ボランティア・センターの担当者が務めるシステムだが、このような活動は地域の困窮者支援に結びつくことが期待できる。徐々にではあるが、地域の活動として定着してきている。

しかし、ノリさんの場合には、このようなシステムがあっても難しい。彼は自分から何かを求めることはない。むしろ、自由に生きたい、人から束縛されたくないと思っている。それが難しくさせているのだ。結局、生活を管理することが理解できない。目先の楽しみがいつでも優先する。そのような人には、キーパーソンになりうる立場の人が人間関係を築き、生活支援を行うこと、それが障害者支援として必要なことなのだろう。生活管理はしないが、彼の生活を注意深く見守ること、これが教会の役割であると考えている。何かあれば、ノリさんは教会に顔を出す。彼の表情を読み、必要な支援を探り当て、嫌がらない方法で支えていく。これはまさに障害児教育の手法である。言葉のない子どもの指導に欠かせないものは、相手が何を要求しているのかを読み取る技術と、一緒にいて楽しいと思う共感性で安心感を与えることなのだ。

長く人との関係を築けなかったノリさんには、ゆったりしたペースの場所が必要なのだ。それこそ教会の果たすべき役割なのだろう。ノリさんの人なつっこい、嬉しそうな笑顔を引き出し、これからも見守っていきたい。

3　トクさんの悲しみ——てんかん、アルコール依存症

トクさんは鬼瓦のような怖い顔をしている。初めてあったときは、こんな人が暴れたらすごいだろうな、という印象である。今年七四歳。人生の大半をアルコール依存症治療の病院と精神病院で過ごしてきて、入院した病院は十指にあまる。

教会にきて二四年になる。ときどき見なくなるのは、病院に入っているからだ。いまでこそ年齢と共に、はち切れんばかりだった筋肉質の体格もしぼみ、性格もおとなしくなってきたが、教会にきたばかりの頃は暴れん坊だった。

教会としてホームレス支援にかかわって最も大変だったことの一つは、やってくる人たちの中に乱暴する人や酔っぱらいが多くいることだ。この人たちへの対応は難しい場合もある。中には、刃物を持ち出す人もいたり、いきなり暴力に訴える人もいる。

中学校教師をしていた頃、私は柔道部の監督であった。柔道の全国大会に生徒たちを二度出場させた。柔道三段の指導者であった。中学校の担任としては障害のある子どもたちの教師であり、部活ではやんちゃな生徒を指導する柔道部の鬼監督であったわけだ。監督を辞めると同時に技も体力も衰えたが、気力だけは残っていた。教会にくるホームレスの人々には、私の身の内にある硬軟合わせた技で対応した。暴力的な人の相手はもっぱら私の役回りであった。

トクさんが酔って教会にきた。「飲んだら教会には入れないよ」と言う私に、「何だ、この野郎!」とすごんだ。教会の約束事だからダメだと言ってきかない私の胸ぐらを摑んで持ち上げようとする。トクさんは上背も横幅もある大男である。私は摑んだ手を内側からこじ入れて外した。

柔道の、相手の釣り手を外す技である。そのまま教会の外に押し出す。「飲んだらくるな！」と言う。勢いに押されてトクさんは帰って行く。こんなことが何度かあった。教会のルールは守ってもらう。それが教会を守ることだと思っているからである。

だが、やがて教会のルールはホームレス自身が自主的に守るようになって、私の注意はほとんど必要がなくなっていった。教会を生きる拠り所と考える彼ら自身の自主規制が起こった。教会とは力で秩序をもたらすものではなく、共同体意識が原理として働くところなのだ。

トクさんは、その後も飲んだくれて教会を訪ねてきた。その度に私が「入れないよ」と言うと、暴力に訴えることなく、ぐずぐず言っては引き下がった。最後には、「牧師さんの優しさがあんたにはないな」と捨て台詞を吐いていく。「牧師さん」とは私の家内であり、家内は優しく、「今度は飲まないでおいでよ。待っているからね」と言う。胸ぐらを摑んで脅したことが、私の彼への態度の決め手になった、その冷たさを突いてきたのだ。

あるとき、礼拝中にトクさんが意識を失って倒れた。周りの人が彼を支えたので、椅子から落ちることはなかったが、急いで彼を教会の外に出し、救急車を待った。大柄なトクさんを外に連れ出すのには、三人がかりであった。

教会では一年に何度か救急車を呼ぶことがある。意識を失ったり、痙攣、吐き気、痛みなどのさまざまな症状で、それが限界を越えていると判断した場合には、救急車を呼ぶことにしている。トクさんはふだん浅黒い顔をしているが、そのときは顔面蒼白であった。

やがて到着した救急隊員は、トクさんの身元を尋ねた。私は知らない。知っている人はいない。それではと、私に同乗するように言う。私は礼拝を途中で抜けて、彼と病院へ行くことにした。病院に着いたが、彼の意識は戻らない。医師から彼について訊かれるが何も答えられない。そのうちに意識が戻ってきた。三〇分も経つとはっきりした受け答えができるようになった。

彼にはてんかんがあった。教会で倒れる人の中にはてんかんだったり、糖尿病の低血糖症や高血圧で意識を失ったり、発熱や急性胃腸炎の痛みでもがきだす人もいる。そのつど、救急車を呼ぶことになる。一年に三、四回くらいはこれがある。

トクさんにとっては苦手であったはずの私が、病院に付き添って行ったことを感謝をもって受け止めたのであろう。その後、教会にきた折りに私に心を開いて、自らの生い立ちを語るようになった。彼は千葉で生まれた。子どもの頃からのてんかん持ちで、学校や家でも倒れることが続いた。てんかんのことで友達にからかわれたり、馬鹿にされたりすることが多かった。体は子どもの頃から大きかったが、とにかくてんかんで倒れることで、みんなから得体の知れない奴と思われていた。発作が起こったときには、親からもこんな病気持ちの子どもは家族ではないという感じで扱われた。親との関係もいいわけがない。中学校を卒業すると大阪に行って、工場で働いた。そこでもてんかん発作が起こり、会社をクビになった。工場を転々としながらも、一向によくならず、やけを起こして自殺を図ったこともある。三〇歳を過ぎて、てんかんは安定してきたが、いつしかアル中になっていた。アル中病院、精神病院への入退院を繰り返し、四〇になって川崎のホームレスになっていた。これがオレの人生だ、と語った。

半ば開き直って話してくれたトクさんは、のんべで人に迷惑をかけるいい加減な男とは別の面を見せた。それは重い人生だった。子どものてんかんは、いまでも差別や偏見の対象となっている。まして半世紀以上も前であれば、どんな差別があったのか想像に難くない。親にも病気に対する理解はない。世間体を気にして、子どものてんかんを認めたくないのだ。トクさんは辛かっただろう。

トクさんの悲しさを知った私は、態度を変えた。酔っぱらいの迷惑男、乱暴者ではなく、よくここまで耐えて生きてきたと、そのことへのいたわりの気持ちを持った。アル中になってもホームレスになってもおかしくない。そういう辛い人生の軌跡を踏んできたのだ。

ホームレスへの見方を、私に決定的に変えさせた人は何人かいるが、トクさんもその一人である。なりたくてホームレスになったのではない。望んでアル中になったのではない。暴れ者になりたかったわけではない。このような人生しか生きられなかったのだ。

てんかんは、現在では病気管理が徹底されれば、難しい病気ではない。私のいた養護学校では、てんかん発作のために養護学校に入学したが、その後病気がほぼ完治したために、地域の小学校に戻った子がいる。

障害や病気に対する偏見・差別・排除は、これだけ文明の進展した今日でも少なくなることはない。むしろ増幅されているように見える。否、今日のような強い者が生き残る競争社会を指向する時代の方が、より強固なものになっているのではないだろうか。弱さの象徴である障害や病気は、強くありたいと願う人間の心の奥底にある拒否感や差別感を立ち上がらせる。しかし、自らが弱い者であることの自覚のないところには、排除し合う社会しか生まれてこない。神の前で畏《おそ》れを抱くことがなくなった今日の社会は、己の罪や弱さを意識しない人たちの社会となっている。

私たちは聖書を通して、キリストがどのような人たちの中に入って行かれたのかを知っている。それを知れば知るほど、教会が受け入れなければならないのは、トクさんのように障害のゆえに生きる場所を失った「迷える子羊」なのだと思う。

4　タカさんの禁酒――肢体不自由と慢性肺炎、アルコール依存症

一〇年前、一人の兄弟が天に召された。七〇歳の地上での生涯を終えて、神の御許《みもと》に帰って行った。私たちが、彼を忘れることはない。

タカさんは飲んだくれの暴れ者だった。教会の近くに住んでいたタカさんが、礼拝に出席するようになった。伝道集会の案内を見て教会に行ってみたいと思ったというのが、タカさんとの出会いだった。しかし、酒癖の悪さから、どれだけ教会に迷惑をかけたことか。この世の修羅場とも思える場面が、何年にもわたって教会で続いた。

酔っては教会にやってきて、礼拝を中断させることがしばしば起こった。飲んだら教会にこな

いという約束は守られなかった。外に出そうとしても、暴力をふるって居直った。もう一人、酔って教会に出入りするユキさんもいて、教会としてどうするのかがいつも緊急の課題となった。しかし結論は、二人を抱きかかえて一緒に教会生活をすることに落ち着いた。牧師一人の重荷にさせるわけにはいかない。役員が家庭訪問をして、牧師以外の者も関係をつくることを試みた。当時、神学生であった私は、タカさんのアパートに泊まって、酒を断たせる試みをした。

最も大変だったのは、牧師とその家族であった。日雇いをしていたタカさんは、飲んで週日に教会におしかけた。刃物を持ち出したことも何度かある。牧師の家族が教会に住めなくなることもたびたびだった。相手をするにも限度があった。だが、牧師は辛抱強くいつも相手をしていて、神を信じて酒を断つことを勧めた。酒のためにアパートを追い出されるたびに、新しいアパートを探し、保証人になった。何度も大家さんに菓子折をもって謝罪に行った。そして禁酒のための病院に付き添い、そこでもらった抗酒剤を預かって、毎朝暗いうちに日雇いの仕事に出る前のタカさんに飲ませたりもした。だが長くは続かず、困難な状況は改善されなかった。

あるとき教会で、私はタカさんがおばあちゃんに手をかける場面を見た。八〇歳過ぎの三〇キログラムほどもあるだろうかと思えるおばあちゃんの襟を摑んで引きずり回した。それを見て、私は遂に切れた。日頃のあまりにひどい暴力に私自身も耐えていたが、私であれば赦せるが年寄りに何ということをするのか、と。私はおばあちゃんから彼を引き離すと、そのまま教会の砂場まで引きずっていった。年寄りに手をあげることは赦されないと言って、私は彼を投げた。柔道三段の払い巻き込みが決まった。一回転した彼の体の上に私の体が落ちた。彼は悶絶した。しばらくすると起き上がって、私を見た。そして土下座して私に詫び、そのままゆっくりと帰って行った。私は不安になった。投げたのは私だから、私が恨みを買うのはかまわない。ただ、教会に住んでいる牧師の家族に迷惑がかかるのではないか、と。しかし、それは無用な心配であった。彼はもう暴力を振るわなくなった、どんなに飲んだときも。

あるとき私は、酒に溺れる胸中を、彼から聞いた。飲んで語ったことは、彼がとてつもない苦しみを抱えて生きていることだった。

タカさんは、東北の山村のお寺に捨てられた捨て子だった。養子としてもらわれていった家には、その後二人の弟が生まれ、辛い少年時代であったという。彼は語った。中学校卒業と同時に北海道の炭坑で働き、たこ部屋での辛い生活を何年も送った。その後、川崎に出てきて日雇いの仕事をしたが、家族との関係は絶たれ、家庭を持つこともできず、親しい友達もいない。親に捨てられた人間、生まれてきてはいけなかった人間に幸せなんかない。友達なんかできる訳がないんだ。いつしかこんな人生にどんな意味があるのかと捨て鉢になって、酒が断てない体となった、と。神を信じることなんかできるか。何一つ自分に与えなかった神をどうして信じられるのか。

泣いて語るタカさんの心の底にあるものを、私は見た。彼の苦しみを理解するどころか、酒癖の悪さから、私はどれだけ彼を拒絶してきたか。それを知ったときから、彼の酒癖の悪さを赦そうと思った。こんな苦しみを抱えて生きている。彼の辛さを一緒に受け入れよう、それが私たちの思いとなった。やがてタカさんは洗礼を受けて、教会の仲間となった。だが、酒癖の悪さは相変わらずだった。

しかし、タカさんに転機が訪れた。タカさんはあれほど行きたがらなかったＡＡ（アルコホーリクス・アノニマスという断酒会）に通うようになったのだ。彼はそのことを、次のように語った。教会に迷惑しかかけない自分のために、教会の仲間は赦して支えていてくれる。こんな自分のために、みんなはいつも祈ってくれている。そのことがわかったからだ、と。

そしてなんと教会にきて二五年目に、奇跡の断酒に成功した。その後、三つのＡＡのグループ・リーダーとして、酒に苦しむ人々の支えとなっていった。ＡＡは空白の時間をつくらないことを基本としているために、教会にくることはできなかったが、いつも教会のために祈り、苦しい生活の中から欠かさずに献金を捧げてくれた。

死の前日の夜半、苦しさのために教会に電話をかけて助けを求めた。牧師と私は彼のアパートに行って救急車を呼び、緊急入院の手続きをしてから、翌日またくるからと言って帰った。その翌朝、彼は天に召された。死の直前にもう間にあわないかもしれないからと、彼が看護師さんに言い残した言葉がある。それは、「牧師さんにありがとうを伝えてほしい」だった。繰り返し繰り返し、そう語ったそうだ。牧師の背後には教会が、そして神がいる。人生の最後に、生まれてきて何一つ恵まれなかった人生を、彼は神に感謝したのだ。

捨て子として生まれ、その生涯を炭坑や原発、大便の浮かぶ地下道などでのどん底の仕事に携わり、アルコール依存症と片足切断の障害を負い、何年もの間、公園や多摩川べりに住み着くホームレスとなった。北海道の炭坑では慢性肺炎となり、それが彼の健康を生涯むしばんだ。家族を持つこともかなわず、家に帰れば孤独が待っていた。しかし、晩年には友達ができた。同じ苦しみをくぐった者が、アル中で苦しむ人たちの友となり、彼らを支え励まし続けた。教会の仲間も生きる支えであった。独りぼっちではなかった。何より神が、彼の心の支えとなった。神の前で生きることが、彼を支えた。

住んでいた地域はキリスト教以外の宗教の人々が多く、彼も入信を進められたが、「俺にはキリストがいる」と宣言し、そのため隣近所から疎まれることもたびたびであったと聞いた。晩年には礼拝にくることはできなかったが、神への信仰の確かさは伝わってきた。

彼の葬儀には、アルコール依存で苦しんでいる大勢の人々が参列した。彼が支えてきた人々は、自分たちが何を失ったかを知って悲しみ、途方に暮れていた。その中には、ホームレスとして教会に何度もきていた人たちの姿が多く見られた。

葬儀が終わった後、彼の甥が教会を訪ねてきた。あの飲んだくれで人に迷惑をかけることしかしなかった叔父が、最後には人のために生きたことを聞いて感動していた。叔父さんの弟二人はやくざになり、自分もまた極道の世界で生きているが、叔父さんを見習っていつか必ずこの道から足を洗う、そのときは教会を訪ねてくると約束した。

タカさんは精神病院を出ると生活保護で暮らすようになったが、またいつしかホームレスになるということを何度も繰り返した。そんな中で一度、故郷の福島へ帰ったことがある。晩年を母親と過ごしたいと考えたのだ。弟たちも家を出て、一人暮らしになっていた母親と暮らす。それは、かつて子ども時代に自分に辛く当たった親を赦すことであった。

タカさんが、福島で母親と暮らすようになったことを、喜んでよいものかどうか、大丈夫だろうかといぶかる思いもあった。そこで牧師は福島に出かけた、彼の母親と会うために、彼を励ますために。そして、彼の信仰のための教会生活が継続できるように、近くの教会の牧師にタカさんのことを頼むために。

訪ねた近くの教会の牧師が示したのは、完全な拒否であった。教会にアル中の人を入れるわけにはいかない。田舎の教会で、アル中や障害者が教会にいると知られたら、誰も教会にはこなくなる。断じて受けることはできない、と。

教会についての考え方が、私たちとはまったく異なっていた。地方の教会だから、ではない。大都市の教会でも、ほとんどの教会が障害者やホームレスを弾き出している。日本の教会は、排除する教会である。豊かな社会になり、教会も豊かになって、苦しんで生きる人たちへの関心や共感が失われていく。それはキリスト教の敗北である。タカさんはそれを聞いて、「俺のような者を受け入れてくれるのは、桜本教会だけなんだ」とポツリと言った。

タカさんは福島原発で作業員として働いた。原発の作業員とは、安定した会社に勤めることの困難な人たちである。日雇いの人々の中でも、どんな仕事も厭わない、否、好き嫌いを言って選べるような状況にない人たちである。原発の事故処理で働く人々に対する健康管理のあまりのお粗末さについて、東京電力は糾弾された。放射線を浴びる可能性のある作業員の防護対策が講じられなかったこと、また作業後の健康調査がなおざりにされていたことに対してである。

原発の危険な仕事に就く人々の大半は、健康の自己管理したり、正当な安全対策と万が一の補償などを要求できる人々ではない。タカさんのような、この世では上手く生きられなかった人々であり、普通の生活にはいあがれなかった人々である。彼らは正義や公平を求めない。自分の努力が足りず、能力のなかったことが原因と諦めている。だからこそ、危険きわまりない仕事にも就き、黙して、己の命を削って働くのだ。それがわかっているからこそ、東電は、いや私たちは、彼らにその仕事を押しつけていても何も感じないのだ。

教会にきているホームレスの人たちの中には、他にも原発で働いた人がいる。安全で快適な生活を得るために、危険な仕事へと追いやられている人々がいる。私たちが自らの暮らしのために、彼らの命をもぎ取っているのだ。この原発問題からも、ホームレスは怠け者で社会に不要な者という考え方が間違いであることを思い知らされる。どん底で私たちを支えている人々がいる。どうして、彼らを差別し、排除することができようか。

タカさんのことを思い出すたびに、彼が教会に残したものの重さを知らされる。神は憐れみの神であり、救いの神であることを身をもって示した証《あか》し人《びと》であった。苦しむ者の神が、彼と共にあった。捨て鉢になり、絶望する者を捕らえて放さない神がいた。タカさんは私たちに、神の愛は限りなく、苦しみ悩む者に、そして教会に注がれていることを教えた人である。タカさんは人生のどん底で、否、その一生がどん底以外の何ものでもないそのただ中で、神と出会い、キリストの証人として立派にこの世を戦い抜いて、天に召された（前掲『ホームレス障害者』一四―三二頁参照）。

2　障害のある信徒

桜本教会には障害のある信徒が大勢いる。自閉症やダウン症などの知的障害者、統合失調症やうつ病などの精神障害者、そして注意欠陥多動性障害（ＡＤＨＤ）やアスペルガー症候群などの発達障害者……。ホームレス障害者の中で信徒になった人たちも含めて、視覚障害者、聴覚障害者、肢体不自由者など、さまざまな障害のある人々が集まり、教会の仲間として生きている。

1　タクさんと歌う讃美歌――自閉症

タクさんは養護学校を卒業して、地域の作業所に通っている。日曜日になると、一人で自転車に乗って教会にやってくる。決して教会を休まない。雨の日にずぶ濡れになってきたこともある。父親が日曜日に旅行に行こうと誘っても、教会に行くと主張して譲らない。

教会が彼の居場所なのだ。

タクさんは、地域の保育園に通っていた。そこは韓国人の保育園で、障害児も受け入れる統合保育を行っていた。かつてその保育園に勤務していた二人の保母が私の教会の信徒になったことから、彼とのかかわりが生まれ、やがて教会に通ってくることになった。

タクさんの洗礼式は感動的であった。一年半ほど休みなく礼拝に出席した彼を見て、私は本人と母親に洗礼を勧めた。タクさんは、重度の知的障害者であり、洗礼の意味が理解できているかどうかはわからない。母親は信徒ではないが、教会の仲間になれるならと洗礼を希望した。

その年のクリスマス礼拝が受洗日であった。牧師の前に立ったタクさんに、宣誓を求めた。私の所属する教団での洗礼式では、次の三点を宣誓してもらう。信仰を告白する、洗礼を受けることを希望する、これからの生涯を教会に仕えて生きることを目指す、である。これらをタクさんに宣誓させるのは難しい。牧師は一言、こう言った。

「タクさん、あなたは教会が好きですか?」

「教会、大好きでーす」。

大きな声ではっきりと彼は答えた。普段はほとんど話さないし、口の中でもぐもぐつぶやく言葉は、私たちには理解できにくい。それが全員に聞き取れるように答えたのだ。

私は、自閉症の彼は、宣誓のときにも牧師の言葉を繰り返すのではないかと思った。いつもは耳にした言葉を繰り返す、いわゆる反響言語の世界にいるからだ。しかしこの宣誓には、はっきりと自分の意志がこめられていた。自分の言葉で信仰を語ったのだ。私たちは、その言葉に感動した。神の導きを心底思った。

こうしてタクさんは教会の信徒になった。礼拝を休むことはほとんどない。礼拝では私の隣に座って、一緒に讃美歌を歌う。音声記憶に優れていることを知った私が、讃美歌の一節ずつを教えると、彼はそれを曲に合わせて歌う。音程は取れないが、はっきりと声に出して歌う。時に、にこやかに微笑みながら、時に厳かな顔つきをして……。主の祈りは完全に覚え、みんなに合わせて唱和するようになった。長い信仰告白もかなりの部分を暗記して言うことができるようになった。牧師の説教が理解できているかどうかはわからない。けれど、牧師の祈りの最後のアーメンには、瞬時に唱和する。しっかり聞いていなければ、そうはいかない。献金の当番では、私が後ろについて献金箱を参加者に差し出し、最後に彼が祈る。短く端的に、私が教えた祈りを唱える。

「神様、礼拝に出ることができてありがとうございます。この心と身体をお受け取りください。どうか、苦しいときに、私たちを守ってください。イエス様の御名によってお祈りします。アーメン」。

教会こそ彼の居場所であり、彼は神の家族の一員なのだ。

あるとき、地域にある教会の牧師と話していて、障害者の話になった。私はタクさんのことを引いて、信仰理解は知的には難しいけれど、教会が好きということが信仰を示していると言うと、牧師は好き嫌いは信仰とは無関係だと答えた。その言葉の背景には、重い障害者が信仰を持てるだろうか、との疑問があることは明白だった。信仰とは心で信じて口で告白することだ、とパウロは言う。それを盾にとって、言葉のない人には信仰などないと吐き捨てた。私は、それは違う、手話ではダメなのか、サイン言語やジェスチャーではダメなのかと問い糾したが、それ以上の議論にはならなかった。教会はキリストの身体であると聖書に記されている。教会が好きだということは、キリストを好きだと言っていることなのだ。

その教会には障害者もホームレスもいない。民族差別では大きな働きをするが、私たちの教会のように、誰でも受け入れる教会ではない。障害者の信仰を疑問視すること自体、あまりに障害者について無知なのだ。障害者が排除されてきた教会の歴史こそ、問われるべきである。

タクさんの人生を語る上で大きな出来事がある。それは中学生の弟が突然亡くなったことだ。そのため短期間、教会にはこられなかった。しばらくして再び教会に通うようになったが、状況は変わっていた。あれほど欠席しなかった彼がときどき休むようになり、教会にきても落ち着きがなくなっていた。奇声を上げたり、隣にいる私に乱暴することもしばしば起こった。それは性への目覚めの時期と重なり、女性への強い関心が見られるようになった。

私たちは、そのことの背景に、弟の死の悲しみを家族全員が必死で受け入れようとしている過渡期があることを理解し、タクさんへの対応を従来通りにし、特に変えないようにと決めた。タクさんも深く傷ついている。

やがてタクさんに落ち着きが戻ってきた。教会を休まなくなった。機嫌のいいときには、顔の表情が穏やかになってきた。ホームレスの人たちも外国人居住者の人たちも、タクさんへの声かけや助けの行動に喜んで身を差し出した。そのような人間関係の温かさが彼を溶かしていったのだ。

長い苦しみの時代に終わりの時がきた。母親が礼拝に出席するようになったのだ。タクさんも欠席しなくなり、落ち着きが戻った。礼拝中に私を見て、頷いたり、微笑んだり、時には私の身体をくすぐったりするようになった。乱暴なことは一切しなくなった。いつもの穏やかな表情が戻ってきた。母親は、食事の総菜を大量につくって持ってくるようになった。

年に二度のカラオケ大会では、タクさんは何曲も歌った。音程は取れなかったが、難しい歌詞を間違えることなく正確に歌った。好きな歌は、水戸黄門の主題歌「あゝ、人生に涙あり」と「ダンシング・オールナイト」である。顔の表情一つ変えることなく、かつての東海林太郎のように直立不動の姿勢で歌う。歌い終わるとみんなから大きな拍手が起こった。教会のみんながタクさんを家族のように思っている。

表出言語のほとんどない、重い自閉症の人の心の動きを読み取ることは難しい。しかし、私たちはタクさんが何を考えているか、何を求めているか、すぐにわかるようになっている。それだけ彼との関係が密になり、親和状態になっているからだ。現在の家族関係は従来と比べてさらにいちだんと希薄になっていて、家族の中での人間関係の形成が困難な状況にあると言われる。家族であっても、誰がどんなことで悩んでいるのか、困っているのかがわかりにくい時代なのだ。そんな中で、言葉のない障害者の思いが容易に理解できるのは、何と言っても密度の濃い人間関係を長年にわたって続けているからである。タクさんは教会にきて三〇年、もうすぐ五〇歳になる。

2　弟の哀しみ——ダウン症

ダウン症のユミさんは少し太り気味である。運動の苦手なことが、その体型をつくっていく。ユミさんは最近、グループホームに入った。それまでは障害者施設に入所していたのだ。母一人子一人なのだが、母親は九〇歳を越えていて、教会にはいつもその母親と一緒にやってくる。二人は寄り添って生きてきていて、親子の絆は傍らから見ていても強い。以前は食事の場所も隣でなければ納得しなかった。だが、最近ではみんなの中に入ることができるようになった。

ユミさんには弟がいる。そして、それには悲しい物語があった。ユミさんの弟が小学校五年生のとき、たまたま彼のクラスメイトが家に遊びにきた。その場にユミさんが現れて、弟の隣に立った。弟の友達は、ユミさんが姉であると瞬時に悟った。二人の顔を見比べながら、その場を立ち去ったのだ。翌日、弟が学校に行くと、クラスの男の子数人から、「お姉さんは変な顔」と言われた。さらに翌日は、もっと多くのクラスメイトから言われるようになった。やがて、弟は学校へ行くことができなくなってしまった。事情を知った担任は、何度か家に足を運び、登校を促した。だが、彼は行けなかった。不登校は六年次が終わるまで続いた。

そのことがあって、弟は障害のある姉を避けるようになった。それまでは何かと姉を助けていたが、不登校をきっかけに一変した。一緒に出歩くことも、何かを一緒にすることも、話しかけることもなくなった。彼にとっては、姉の存在が苦痛になったのだ。

弟の受けた心の傷は尋常ではなかった。それがわかっていれば学校としてはもっと打つべき手があっただろう、不登校になる前にも、その直後にも。

私は、障害児教育の教師を長年続けてきたが、そんな中でこのような事例がたくさんあることを知っている。障害児が傷つくことはもとより、その家族がひどく傷を負うことを。教師が弟の傷の深さを悟ることができたなら、対応も結果も違ったものになる可能性はあっただろう。

弟は学区を越えた中学校に進み、不登校を乗り越えた。やがて、高校、大学と進んだが、大学卒業と同時に家を出た、居場所も告げずに。姉を含めた家族との生活を受け止められなかったのだ。弟の苦悩の深さを改めて知った。同時に、残された家族の苦しみも。誰が弟を責められるだろうか。

弟が家を出て、三〇年が過ぎた。母と姉の二人になった家族が、身体を寄せ合って生きている。

心の底に哀しみを抱いて……。

障害児を差別し、その家族を弾き出す学校や社会のあり方を思う。豊かな日本で、心が貧弱になっていく。こんな国に未来はあるのだろうか。


三月の教会のカラオケ大会。ユミさんは母親と参加した。いつものホームレスの人たち、障害者、韓国人も参加したカラオケ大会は盛り上がった。

ユミさんは何曲も歌った。新しい歌、やや聞き取りにくい発音ではあったが、みんなの手拍子をもらって得意になって歌った。歌い終わったときの拍手はいちだんと大きかった。

他の人が歌うときには、立ち上がって一人で踊り始めた。それを見た男性がペアになって二人でダンスを始めた。はにかんだユミさんの顔が輝いていた。


教会は傷ついた者の最後の避難所である。キリストはこう言う。

「疲れた者、重荷を負う者はだれでも私のもとに来なさい。休ませてあげよう」(『マタイ福音書』一一章28節)。

地上で重荷を負う人とは誰か。キリスト自身が十字架の重荷を負って歩まれた方である。人のどんな重荷もわからないはずがない。この方のもとで休むように勧められている。障害のある人々が、教会で休まないでどこで休むことができるのか。

3　アキさんの絵——知的障害

アキさんは、養護学校の高等部を卒業して、川崎の授産施設に入所した。施設にはなかなかじめず、すぐに自傷行為が始まった。養護学校では自傷行為はまったくなかった。新しい環境が彼女に適していなかったのだ。自傷は石やガラスの破片で身体を切り刻むという凄惨なものであった。傷口が塞がると次の自傷が起こり、傷が絶えることはなかった。

自傷行為とは、自分の欲求が制限される場面で、その要求を伝えるために起こす場合がある。また、特に理由もなく、自己刺激の発露としての常同行動の場合もある。いずれにせよ、自分の身体を傷つける具体的な動作として、身体の一部を叩く、つねる、噛む、ぶつけるなど、自分に対する攻撃行動なのである。

アキさんの自傷行為は、生やさしいものではなかった。傷口がぱっくり割れて見えるほど激しい自傷はさらにエスカレートして、二階から飛び降りて足を骨折したり、自転車のチェーンを呑み込み、救急車で運ばれたこともあった。それは自傷行為というより、自己の存在そのものを抹殺する自殺行為であった。身体は傷だらけであったため、夏でも長袖のシャツを着ていた。額や頬にも傷跡が目立ち、事故に遭遇したかような印象を与えていた。

施設の職員は、何とか止めさせようとした。職員が常に近くに寄り添ったり、手袋をはめさせたり、作業内容を軽減したり、休憩を多くして気分の切り替えを図ったりしてみた。医師と相談して安定剤を増量したこともある。だが、一向に改善される様子はなかった。

施設の側では、自傷の原因が作業活動にあるのではないかと主張した。授産施設は社会的自立のための作業活動を行っている。アキさんは、授産施設には向かない。むりやり作業をさせることが負担になっていたのではないか。一方、保護者のおばさんは、前の施設のように親身になって相手をしてくれる職員がいないことを理由に挙げた。

実際にどうであったのかは、当事者でない私にはわからない。しかし、アキさんの自傷行為は、深刻な課題となっていた。

子どもの頃のアキさんは、教会のすぐ近くに住んでいた。だが、両親が相次いで亡くなったため、湯河原の養護施設に移った。彼女が五歳の時である。肉親のいない施設での生活ではあったが、大好きな寮母さんがいて、心穏やかに暮らしていたという。学齢期には、そこから近くの養護学校へ通学した。学校生活も楽しかった。一三年間、施設と養護学校で過ごしたアキさんは、卒業と同時におばさんとおばあさんのいる川崎に戻り、授産施設に入所した。だが、彼女には合わなかったのだ。

その後、彼女は相模原の更正施設に移り、さらに私たちの教会の近くの施設に移った。そこは生活訓練のための施設であり、作業活動はなかった。医師の診断によって薬も変えられた。自傷行為はまったく出なくなった。

アキさんの自傷は何だったのだろう。単なる自分への攻撃というものではなく、生存そのもの

桜本教会の日曜日

を否定する行為であった。それは命のどん底での叫びではなかったのか。

　私は、アキさんから多くのことを学んだ。障害があろうがなかろうが、子どもにとって、自分を丸ごと包み込んでくれる親の存在は、なくてはならないものであるということを。たとえ親でなくても、愛情を注いでくれる存在は、子どもにとっては不可欠なものであることを。それはまた、大人になったいまでもかけがえのないものであることを……。

　彼女が子ども時代の一三年間を過ごしたのは、キリスト教の施設であった。学園長は牧師であり、最も重い障害の子どもを入所させる施設でもあった。献身的に障害児に仕える牧師や職員に囲まれて、彼女は楽しく過ごした。それは生きること、人と生きることの喜びを知ったということであろう。高等部を卒業する前に、キリストが主であることを告白し、洗礼を受けた。この世の親はいなくても、守り導かれる本当の親を見出したのだ。いまでは元気いっぱいに教会生活を過ごしている。アキさんの元気がみんなに生きる力を与えている。ホームレスや外国人居住者など厳しい環境を生きる人々に向かって、彼女はありったけの笑顔を振りまき、みんなに声をかける。言っていることはよくわからなくても、「みんな仲間だよ」の思いが伝わってくる。年に何回か休むこともあるが、みんながこう言う。「アキちゃん、お休みなの？　寂しいなあ！」

右頁の図はアキさんが、通所している更生施設の機関紙の表紙に描いた日曜日の教会である。教会に並んで入ってくるのはホームレスであり、受け付けで牧師が一人ひとりに声をかけて迎え入れる。「よくいらっしゃいました」と歓迎する。体調のこと、仕事のこと、衣類や生活用品のことなど、一人ひとりに気を配って招き入れる。彼らは教会にくることを楽しみにするようになり、表情も明るくなってくる。

この絵を描いたアキさんは、教会ではなくてはならない人になっている。そのアキさんを用いて、キリスト教とは無関係な施設の機関紙に教会を描かせる神の業《わざ》を思う。神は人を生かし、ご自身の目的のために用いたまう。この絵は神に摑まれているアキさんの信仰告白なのだ。

4　トミさんの癖――精神障害

トミさんは、教会の信徒としては最古参に属する。高校生のときから教会にきていたので、中断はあっても五〇年近くの歴史がある。古いことも覚えていて、あの人はこんなだったとか、あのときにはこんなことがあったと教えてくれる。

トミさんは高校生のときに発病して、以来精神病院に入院していた。土曜日に帰宅が赦され、日曜日には必ず礼拝にくる。病院の都合で欠席するときに、電話口で教会へ行かれないと泣いたことがあった。教会が彼女にとっての生き甲斐であると同時に、社会との唯一の接点なのだ。

彼女には長いこと、教会学校の教師をしてもらった。礼拝の司会者として子どもたちの前で聖書を読む役だった。読むことはそんなに得意ではない。だが、私たちなりに彼女にできることを考えての役割設定であった。不安定なときはつっかえつっかえだったり、一行飛ばしがあったり、はっきり発音できないために、よく聞き取れないこともあった。だが、子どもたちは文句一つ言うわけでもなく、彼女の聖書朗読を聞いた。幼児向けの教会学校になって、彼女の役割が終わるまで約二〇年間、毎週子どもたちに聖書を読んで聞かせた。

不適切な言動もしばしばあったが、大事に至らなかったのは、彼女を教会学校の教師として支えようというみんなの思いがあったからだ。とんでもなくわがままになって、理不尽なことを言うこともある。注意すると、「もう教会にはこないよ」と言う。教会が、自分を主張できる場所になっているのだ。病気は入院によってコントロールされてきて、年輩になるにしたがって状態が固定してきたこともあり、落ち着いた状況が続くようになった。三年前からグループホームで生活している。グループホームの指導員と連絡を取り合って、教会生活を送っている。

家族から隔離されて入院生活を送るトミさんが、その状態で教会生活五〇年を送るということは、ある意味で奇跡に近い。危機的な状況もあった。教会から病院に帰る途中で行方不明となり、病院とのやりとりで捜索願を出したこともある。親が亡くなって姉が事実上の保護者であったが、姉の家に行く途中で行方不明になることもあった。教会のみんなとカラオケ大会に行く途中でも、自分だけバスに乗って行ってしまったり、墓前礼拝に成田に行くときも、待ち合わせ時間にこず、一時間待ち続けたこともある。五月に柏餅をホームレスの人たちに食べさせたいと、勝手に一〇〇個を注文して、それが教会に届いたことがある。自分だけが食べたいわけではない。みんなと食べたいのだ。その気持ちがわかるから強く叱ることはできない。いまはグループホームに入っているが、携帯を渡されているために夜半に教会に電話がかかる。夜中の三時に起こされる側とすれば、怒鳴りたくもなるが、トミさんにしてみれば、持った携帯を使える相手は教会しかないのだ。携帯を通してであれ、教会につながっていたいというその気持ちは大切にしなければならない。かくして、夜半に電話のあった日には、私の務めは体調不良で行うことになる。

要は、社会人としての約束事が守れないのだ。だが、それはトミさんの性癖を理解して、先回りの配慮があればよいということである。だが、教会には、個別に配慮しなければならない障害者やホームレスの人がいて、配慮の網の目からこぼれ落ちるということが起こる。

教会も社会の一つだから、もっと縛りを厳しくした方がよいという意見もあるが、ここは教会なのだ。厳しめのルールはそぐわない。勢い危うさが露呈する場面もある。緩やかな縛りの中で、みんなが教会生活を楽しめれば、それでよしとすべきではないか。教会にきて楽しいと思えるからこそ、休まずにやってくるのだ。

トミさんは順位が好きな人である。定時制高校に一番で入学した、病院のボーリング大会で三等を取った、くじを引いて二位になった、などと言う。もうじき七〇歳になるのに、来年は東京大学に入学する、結婚するなどと言い出す。それらは彼女が人生で夢見たものなのだ。実現はしなかったが、こんな人生を生きたかったと、いまでも夢見ている。それを笑いものにしないで拝聴することが、仲間の務めなのだ。支えるとは、難しいことではない。この人と一緒に生きているという思いがあれば、病気は受け入れられる、神の家族なのだから。

5　ナベさん、切れる——発達障害

ナベさんは怒りっぽい。七五歳になったいまも、本当にわずかなことですぐに切れて怒り出す。怒り出すと、周りで何を言っても聞き入れない。最後には必ずこう言う。「俺はもう教会にはこないぞ」と。

教会ではホームレス用の食事をつくるが、そのときは戦場のような混乱がある。なにしろ六〇人分の食事を一気につくらなければならないからだ。お米をとぎ、味噌汁をつくり、何種類もの総菜を盛りつけることなど、たくさんの作業工程があり、時間をかけずにテキパキとやらなければならない。声を掛け合って手順を確認し合い、できあがり具合いをお互いがあうんの呼吸で察知する。大量の食事づくりは、一致団結の共同作業なのだ。その作業に水を差すのが、ナベさんだ。

ナベさんは周囲の状況を見ていない。自分の都合だけで相手に要求する。皿に総菜を盛りつけている人に、そこのどんぶりを取ってと言う。洗い物をしている人に邪魔だからもっと向こうへ行けと言う。他の仕事をしていたり、手がふさがっているのが見えていない。「いまは無理だよ」の一声で切れて怒り出す。周囲の人たちは毎度のことで呆れているだけだが、そのままにしてはおけない。本当に切れたら半年くらい教会を休むことがあるからだ。そこでよくわかっている人が、まあまあと言いながらとりなす。上手くいけばそれで収まるが、そうでなければ私の出番となる。

私はもっぱらナベさんを褒める。一所懸命に作業をするが、とにかく中途半端にしかできないことを知っているからこそ、結果はともかく、その一所懸命さを認め、褒めるのに徹することにしている。「ナベさんがいないと教会が困るよ。こんなに働いてくれる人は他にいないんだから。みんなナベさんに感謝しているよ」。やがて機嫌がだんだんよくなってくる。ナベさんのやる気は誰もが認めている。ただ、やった結果は誰かがフォローしなければならない。要するに半端仕事しかできないのだ。それにもかかわらず、仕事をしたがる。その後始末を誰かが要求される。

ナベさんは秋田の生まれで、静岡の旅館の番頭を務めていたという。だが、あるとき何かの拍子に切れて、女中さんを殴り、そのまま解雇された。それから川崎に出てきて、工場で働いたが長続きはせず、いつしかホームレスになっていた。教会がホームレスの支援を始めたときのいわば一期生で、そのまま洗礼を受けて教会員となった。だが、すぐに切れて喧嘩をするために、周囲から嫌がられることも多く、教会でも友達ができなかった。喧嘩すれば半年くらいは教会にこないことがあり、彼への対応はもっぱら私に託された。私はナベさんが嫌いではない。彼をかばうことが多く、ナベさんはいつしか、「俺のことをわかってくれるのは、先生だけだ」と言うようになり、住んでいるアパートにきて欲しい、一緒に酒を飲もうなどと誘うようになった。

年に数回、教会の男組で飲み会・カラオケ会を行う。九月と三月の教会カラオケ大会は教会の障害者が中心になるもので、自分たちの好き勝手というわけにはいかない。ホームレス支援活動の中核を担う彼らにも不満がある。だから、ときどきは彼らに酒を飲ませ、カラオケに興ずる、いわば「ガス抜き」が必要となる。私はガス抜きの飲み会・カラオケ会を大切にしている。ここで教会のまとまりをつくる。教会の仲間として生きることをお互いが自覚するのだ。

ナベさんは、そんなときに必ずこんな話をする。いままで生きてきて楽しいことはほとんどなかったが、教会の夏キャンプに毎年行った。それがどんなに楽しかったかを語る。夏のキャンプは日頃楽しみのないホームレスや障害者が、野外で楽しめる場として設定されたものだった。教会員の古い別荘にマイクロバスに乗った二五人ほどで訪れ、一泊の旅行を楽しむものであった。教会の女性たちが料理をつくり、男たちが部屋の掃除や食事の準備・片付けを行った。ナベさんは寝具の敷布を洗う係となった。細かな手順が求められる仕事は苦手であったが、洗濯機を使用して、洗った敷布を物干しに掛ける仕事を活き活きと行った。彼は人に認められたいという一心で黙々と働く。よくやっているその姿に、思わず声をかけたものだ。彼はにこにこしながら、さらにギアを上げた。

夜はみんなでビールを飲みながら、語り合い、歌を歌った。ナベさんは持参したハーモニカで童謡や演歌を吹いた。みんなが一つになった。ナベさんはそのことを一生の思い出として捉えている。家族のない、そしてみんなからは認められることのないナベさんが、教会の家族になった瞬間である。だから彼は忘れないのだ。だが、夏のキャンプは継続が不可能となった。ホームレスや障害者から会費を取ることはできず、支える教会員も高齢になって、キャンプの活動を担うことが困難になってきたからだ。その後は、鶴見にある大衆浴場でカラオケ大会を開くようになったが、これも予算の関係でできなくなり、現在では年に二度のカラオケ大会になっている。

ナベさんは、注意欠陥多動性障害（ＡＤＨＤ）であり、この発達障害の特徴は次の三点である。

1　不注意　学業や仕事を注意深く行うことができず、不注意なミスが多い。指示や課題に従って正確に作業ができず、中途半端な結果に終わることが多い。

2　多動性　落ち着きがなく、動き回る。黙っていられず、おしゃべりである。
3　衝動性　順番を待つことができない。他人の邪魔や妨害をする。

ナベさんは、この特徴をすべて持っている。注意集中が続かず、小さなミスを繰り返す。とにかく落ち着きがなく、相手が聞こうが聞くまいが一方的に話し続ける。さらにこんなことをしたり、言ったりしたら、相手はどう思うかを考えずに起こす言動は、しばしば他人を傷つけ、相手の怒りを買う。本人にはその自覚がないので、注意してもよくわからない。

彼に対する私たちの対応は、とにかく彼の不愉快な言動に振り回されないこと、喧嘩が起こりそうになったら、事前に相手をその場から遠ざけること、言われても気にしないようにすることであった。とにかく彼の性癖をわかった上で受け入れることが、対応の基本であることを確認し合った。

その上で私は、行動面での支援方法として、どんな活動でも、そのルールをきちんと理解してもらうこと、曖昧な表現は避けて、具体的に数値化された指示（つくるのは一〇個など、数を明確に告知、一五分間の時間設定、図や絵での視覚化）をわかりやすく説明する。さらに、結果はともかく、仕事をしたことを褒めること、認めることを行うようにした。そして褒めるときには、みんなの前ですること、失敗は陰でこっそり指摘すること、できないことをできるとは言わずに、誰かに支援を頼むことを教えること、などがナベさんへの支援であった。何より子ども時代からの失敗体験の積み重ねで、人に自分を理解してもらうという意識がなく、そのため人との関係をつくることが難しい。

私は、彼が一所懸命に取り組むことを認め、褒めた。彼を煙ったがる人は多い。しかしこの場合、「キーパーソン」の存在こそ必要なのだ。教会の牧師である私が彼のキーパーソンであれば、教会で排斥されることはない。私はさまざまな機会に、牧師が障害者を排斥する現状を知っている。そのような教会であってはならないのだが、現実には教会に障害者を受け入れる余裕がない。否、教会には障害者やホームレス、外国人居住者を排除してきた歴史があり、そのような考え方を間違いだと考える牧師があまりにも少ない。障害者の避難場所にならない教会が、キリストの教会と言えるのであろうか。

ナベさんは、他の教会では受け入れてもらえない。だが、桜本教会では大事な教会員であり、なくてはならない存在なのだ。教会が仲間として生きる者同士の共同存在、連帯存在となるというあり方を明確に示している桜本教会は、排除と分断の社会にあって、インクルーシブ・チャーチ（包み込む教会）として存在している。これが、聖書に出てくる本来の教会の姿なのだ。

3　障害者と共に生きること

桜本教会は、障害者、ホームレス、外国人居住者など、さまざまな困難さを抱えている人々と共に生きる教会である。どちらが上か下かといった考え方や、与える者と与えられる者との上下関係を超えて、みんなで生きる教会、共生の教会、インクルーシブ・チャーチである。このような教会として、大切にしていることがいくつかある。

1　「障害者に信仰は持てない」という驕り——信仰理解について

表出言語を持たない重い知的障害者は、信仰を持てないのだろうか。本章の第2節で見てきたように、どんなに障害が重く、言葉のない人でも、人である限り意思や意欲を持っている。自分からそれを相手に伝えることは困難であっても、必ず持っている。障害児教育や障害福祉の現場では、人である以上、コミュニケーションは可能であると信じて、さまざまな取り組みを行ってきた。問題なのは、意思を伝える手段の構築が困難だという点であって、その手段をどのように形成していくかが、教師や指導員などのプロの業《わざ》である。

私は、桜本教会で重い障害のある人たちと長年かかわり、彼らとの信頼関係を築いてきた。その中で知りえたことがいくつかある。

相互補完関係としての人間存在

第2節で登場したタクさんに再び登場してもらおう。自閉症のタクさんと私は、礼拝では二人で讃美歌を歌う。短期記憶に優れたタクさんに、讃美歌の歌詞を一節ずつ教えると、それを記憶して声に出して歌う。私が歌詞をリードし、タクさんが歌う。

二人で讃美歌を歌う。彼は音程が取れない。だからずっと平坦な音階を続ける不思議な歌になる。最初は、私自身が讃美歌を歌えないもどかしさがあった。大声で歌いたいという思いがあった。だが、いまでは二人で讃美歌を歌うようにされていることを、深く思い、受け止めるようになっている。

『創世記』に人間創造の物語があって、そこには人の助け手として女が創造されたとある。男と女の創造は、種族保存の目的だけではなく、お互いが助け合い、愛し合って生きる者として造られていることを示している。人の創造に、連帯する人間、共同存在としての人間とする意図が働いているということだ。苦手なところをお互いが補完し合いながら、支え合って生きる人間像である。

私は彼と讃美歌を歌うようになって、このことに気づかされた。そして、私自身の身をもってそれが示されたことに、驚いた。私は、障害児教育の教師である。長く子どもたちの教育にかかわりながら、教師と生徒とがお互いの信頼関係において、ことを理解し、教師も彼ら生徒たちによって支えられる相互支援の関係にあることは容易に理解できた。だが、タクさんとの讃美歌の協働は、私自身がどのような者として造られているのかを、明確に示されることであった。そして、私自身が、歌えない者にされていることにも驚かされた。彼が歌うために、私は歌う声を失った者として存在する。タクさんは文字の読解が困難、私は声の表出が困難、二人は共に障害者として、だからこそ助け合う存在として神の前に立たされている。障害を受けるとは、他者と共に生きる者とされることであるということを、私は文字通り、私の身に起こったこととして深く受け止めるに至った。

人間とは、このような者として造られているのだということを、私ははっきりと理解した。障害児教育の専門家が、ようやくこのことに気づいたのだ。二人で仲良く讃美歌を合唱する。何と楽しい人生なのか。

礼拝は人を何者にするのか

知的障害のアキさんはとても人なつっこい。誰とでも友達になれる。それがアキさんの最大の長所である。アキさんに笑顔で声をかけられた人は、みんなアキさんに魅了される。アキさんは桜本教会のアイドルなのだ。

だが、アキさんの歩んできた道は平坦ではなかった。両親の死、幼児期からの施設での生活、養護学校高等部卒業後の施設での馴染めない生活、そして自らの存在を拒否するかのようなすさまじい自傷行為。それらは文字通り苦難の行程であった。アキさんのことを知った人は、あの人なつっこい笑顔によって軽い障害と勘違いをする。決して軽くはないのだ。

ここまでに紹介した人は、全員が障害者手帳（療育手帳）A1の判定、すなわち最も重い障害にランクされている。神奈川県の療育手帳は重い順に、A1、A2、B1、B2となっている。とんでもない自傷行為を繰り返し、現在もトイレで失敗をするアキさんの障害が軽いわけではない。だが、初対面の人にも、仲間である私たちにも、彼女の障害はまったく意識されない。それは、なぜなのか。

礼拝という行動様式が、彼女の生活パターンの一部に収まっていて、そこにあらゆる意味で安定感に満ちた時間と空間が与えられているからではないかと思う。礼拝の順序、形式は同一である。パターン化された行動形式は、障害のある人たちに情緒的な安定感を与える。決まった時間と空間、そして行動パターンが安心感を生み出している。これを三〇年も続けていれば、次に何をするのか、その行動予定が読めるようになる。

知的障害のある子どもたちの安定した生活に必要なリズム、環境、行動様式が、教育成果を生み出すことを、私は知っている。ルールが固定されていて変化のないものには、意欲的に取り組めるのだ。例えば、茶道などはその代表であろう。あれだけ新しいものへの不適応の目立つ生徒たちが、茶道には抵抗なく取り組めたという事実がある。

さらに言えば、知的障害のある人たちは、健常者と比べて独特の認知システムを持っている。健常者は言葉で理解する。言語によるコミュニケーションが日常のコミュニケーションの大部分をなしているからだ。だが、知的障害者は、言葉の理解が得意ではない。代わりに、視覚的手がかりを頼りに物事を理解する。

自閉症の人たちは、明らかに視覚優位という学習スタイルで物事を理解する。絵や図、写真などを、目の前で見せることで、彼らはやり方を理解する。一人ひとりの認知スタイルはさまざまだが、礼拝の中で、言葉を通して理解することは困難であっても、彼らなりの方法で理解をしているのだ。聖書の解き明かしで、牧師がジェスチャーを交えて強調するその場面を、彼らは意識的に受け入れる。そこで語られた言葉の一部を大切なものとして受け止める。それは論理的な理解ではないかもしれない。だが、彼らなりの捉え方をしていることは確かなのである。

あるとき、アキさんの通っていた養護学校の元担任が一緒に礼拝をしていて、終了後に牧師に向かってこう言った。「アキさんにわかるように説教して欲しい」と。知的障害のアキさんにわかるように、優しく理解可能な言葉で語って欲しいという要求であった。しかし、その後もアキさんにだけわかるような説教に変えることを、牧師はしなかった。説教中の彼女の姿勢を見て、牧師の祈りに合わせて瞬時に「アーメン」と発する彼女の真剣さに打たれた担任は、その後何度も一緒に礼拝するうちに、信仰が与えられ、洗礼を受けた。アキさんの信仰が、神への姿勢が、担任の先生の信仰を呼び起こしたのだ。

聖書の文字を読み、祈りを唱えることはできない。だが、アキさんに信仰がないなどと誰が言えるだろうか。「信仰は心で信じて口で言い表すもの」というパウロの言葉は、表出言語のない人に信仰は持てないということを指しているのではない。障害者がどのような人であるかを理解しない牧師たちが、障害者に信仰は持てないと語るその姿に、健常者の驕《おご》りを私は見る。あまりに障害者を受け入れてこなかった教会の罪は重い。

2 「疲れた者、重荷を負う者」の居場所——教会は神の家族

教会は、仲間として生きる者の共同体である。仲間関係とは、助け合い支え合う関係であり、一緒にいることに幸福感を覚える集団である。教会の仲間は、何かを成し遂げようとするような目的意識を共有する集団ではない。利益を生み出したり、そのために働いたりする場所でもない。そこは、ただ一緒にいることが楽しいという場所である。少し難しい言葉を使えば、「存在することの喜び」を知らされるところなのである。さまざまな重荷や苦悩、不安や恐れを抱いたままで生きているそのただ中で、そのまま、あるがままで生きることが肯定されている場所なのである。

障害者、ホームレス、外国人居住者、アルコール依存症、犯罪からの更生者といった人たちの集まる教会から一歩外に出れば、もろもろの現実の問題が一人ひとりの上に重くのしかかる。コミュニケーションに課題があって、周囲の人との人間関係の形成が難しい人たちがいる。感情の抑制が利かず、すぐに不機嫌になったり、喧嘩をしたりする人がいる。孤独であることを好む人もいる。しかし、それは長い間、良好な人間関係を築くことができなかったり、一緒に生きることから外されていた空白の時期があったからなのだ。また、いつも配慮する者の指示通りに動くことを求められ、自分の意思を表に出せない状況に置かれていたこともその要因となっている。他者と生きることの苦手な人々が、解放感のある教会で、驚くべく自分を発揮していくのだ。

他の教会の信者である、ある人は週二回、お手製のパンを送ってくれる。ホームレスの人たちに、できたてのパンを食べて欲しいと、パンの製法を学習し、つくったパンを届けてくれる。その方は、何回か桜本教会にきてくれたことがある。本人の語ったところでは、親の代からの信者で、子どもの頃からいまの教会に通っている。その人には発達障害があり、人間関係が上手くつくれず、職場も定着しない。だが、桜本教会にくると心が解放されるようで、本当は転会したいと思うのだが、親のこともあり、そうはいかないと言う。

彼は教会にくると、それぞれが話をする茶話会では、自分のことを穏やかに話す。質問にも丁寧に答える。人との交わりが苦手とはとても思えない。ところが、彼と同じ教会の信者でボランティアにくる人は、彼がその教会ではまったく無口で誰とも交わる様子がないという。

また、メンタルに課題があって人とのかかわりが上手にできず、生きることに自信をなくしている人たちが、桜本教会の取り組みを聞いてやってくる。彼らは信仰を求めているわけではないが、いままでどこでも受け止められることのなかった過去の辛さを抱えて、桜本教会であれば受け入れてもらえるのだろうかと、次々とやってくる。辛さを抱いて孤独に生きている人たちの何と多いことだろうか。また、そのような人たちを受け入れない社会に、どうしてなってしまったのか。

桜本教会には解放感、温かさ、一体感がある。初めて教会を訪れた人でも、打ち解けて話し始める雰囲気がある。その根底には、どんな人も受け入れよう、仲間にしようという思いがあるからだ。

障害児教育のあり方については第二章「障害とは何か」で触れるが、障害児を周囲の環境に合わせようとする従来の指導法から、どのような環境であれば障害児が活動しやすいかを考え、工夫することへの転換が、今日の障害児教育の到達点である。その人が自分を最も表出しやすい環境をつくることこそが、共に生きる原点となる。それは、本人を変えるのではなく、私たちが彼らのために変わることとなのだ。桜本教会にはそれがある。一人ひとりを大切にし、みんなで包み込むインクルーシブな環境こそが、困難を抱える人々の心を解放し、信頼感、安心感をつくり出すのである。

自閉症のタクさんが、どうして落ち着いて礼拝に参加できるのか。とてつもない凄惨な自傷行為を繰り返したアキさんが、どうして満面の笑みをたたえて教会生活を過ごせるのか。

アキさんは先日も、旅行先でお土産を買ってきてくれた。自分で選んだと言うが、そこにはみんなで食べたい、みんなで喜びたいという思いが見える。ホームレスの人たちにも、遠くの飯場で働いて教会に帰ってくるとき、必ずお土産を買ってくる人がいる。また、教会に献金を捧げるホームレスの人もいる。これらは、教会のみんなが仲間であると思うからこそできることなのである。

先日、外国籍の中学三年生が直面する高校受験のことで、高校の事務室へ行って手続きをしてきた信徒がいる。母親は日本語がまったく話せない。生徒も低学力で説明を聞いても理解できない。彼とかかわる教会学校の教師である信徒が、彼らに代わって手続きに行く。対応した高校の教頭は、教会がここまでするのかと感服していたという。

私は長く障害のある人たちの教育にかかわってきた。しかし、教会にいる仲間を障害者と意識したことは一度としてない。一緒に生きる仲間としての関係性が、特別な配慮が必要な人という特別視を払拭する。これこそが、インクルーシブ・チャーチである。一人ひとりの課題を見ないで、一人ひとりを仲間として受け止める。これが、共生の教会の姿である（鈴木文治『インクルーシブ神学への道――開かれた教会のために』新教出版社、二〇一六年、一三二―一四一頁参照）。

「疲れた者、重荷を負う者は私のもとに来なさい。休ませてあげよう」というキリストの言葉は、彼らのためにある。この人たちを排除する教会であってはならない。

第二章　障害とは何か

1　障害を考える

私たちは、障害とは何かと問われて、どのように答えるだろうか。もちろん、すべての人が同じ考え方をするわけではない。また、障害について思い浮かぶことは、人それぞれであるだろう。障害当事者の答えは、健常者のそれとは異なるだろうし、障害者の近くにいる人、例えば親兄弟や、職場や学校などの仲間たち、障害者の教育や福祉などに携わるいわゆる関係者などでは、障害とまったくかかわることのない人とは、答えがかなり違ってくるはずだ。

障害に対する見方、考え方は人それぞれである。その人の置かれた環境の違いもあれば、生活している社会状況や時代的背景によっても、障害の概念は異なってくる。福祉や教育の理念、あるいはそれにかかわる制度のなかった時代には、障害者を支えたり、教育の対象にすること自体、考えもつかなかっただろう。人権意識が希薄な社会では、障害者への差別や偏見、排除のあることが当たり前だったからである。

障害とは何かという問いへの答えは、問われた個人の置かれている状況、その人の生育歴であったり、障害者との何らかの交流などの経験の有無によっても異なってくる。また市民意識を形成した社会か、あるいはいまだ育っていない社会か、また歴史的にどのような階段を経た時代かによっても、その回答はさまざまであろう。さらには、それを問う人の立場によっても、誰が問うているのかによっても答え方が変わってくるだろう。役所の担当者が、ある障害者にどのようなサービスが提供できるかを探ろうとして、何が必要かと質問する場で障害が問われているのであれば、できるだけ丁寧に答えようとするだろう。反対に障害を理由に何か不利なことをしようとする相手に対しては、理解して欲しいという気持ちも薄くなり、放っておいて欲しいと思うはずだ。そんなときの答えは、「この子には障害はありません」であるかもしれない。要するに、固定化された考え方など無きに等しいし、古今東西、普遍的に通用する概念などあるわけではない。それは、過去にあったどんなに差別的な考え方や表現も、市民社会の成熟と共に変化していくことを見れば明らかである。

私は、障害児教育の教師として人生の大半を過ごし、現在は大学の教員として学生の指導に当たっている。指導教科の中に「障害福祉論」があり、教室では同じ「障害」の用語を使用しているが、教育と福祉では「障害」の意味するものがかなり異なっていることを痛感している。

例えば、知的障害については、以下のようになっている。

教育　1　知的発達の遅滞があり、他人との意思疎通が困難で日常生活を営むのに頻繁に援助を必要とする程度のもの。

2　知的発達の遅滞の程度が前号に掲げる程度に達しないもののうち、社会生活への適応が著しく困難なもの。

（学校教育法施行令二二条3に規定。平成八年）

福祉　知的障害とは、知的機能の障害が発達期（おおむね一八歳まで）にあらわれ、日常生活に支障が生じているため、何らかの特別な援助を必要とする状態にあるもの。

（精神薄弱児（者）福祉対策基礎調査に規定。平成二年）

知的障害については、教育と福祉、それぞれの場面での概念の相違は明確ではないが、意思の疎通という人間関係の形成に課題があるとしていることは、やがて社会に出るに当たって、それがコミュニケーションの課題として大きな障壁になることを意味し、学校教育の段階でのそのことへの対処が重要な指導内容となることを示している。教育用語としての障害（視覚障害、聴覚障害、肢体不自由など）は、学校教育を受けるに当たっての困難さを明記している。福祉では、特別な援助がどの程度に必要なのかについて記されている。言ってみれば障害の状態像を示しているのだ。さらに言えば、福祉用語としての障害一般については、次のように規定されている。

身体障害、知的障害、精神障害（発達障害を含む）その他の心身の機能の障害がある者であって、障害及び社会的障壁により継続的に日常生活又は社会生活に相当な制限を受ける状態にあるもの。

（障害者基本法第二条1項に規定）

教育サイドと福祉サイドとで障害の概念が異なっているのは、学齢期の教育対象者を想定するものと、社会生活を前提とする社会人を対象とする場合との違いで、それは明白だ。ただ同時に、教育サイドでは、障害の課題を教育の内容として盛り込んでいるのに対して、福祉サイドでは、援助を必要とする状態像の提示に留まるという相違もある。わかりやすい例を示せば、教育サイドにおける「肢体不自由児」の概念は、次の通りである。

1　肢体不自由の状態が補装具の使用によっても歩行、筆記等日常生活における基本的な動作が不可能又は困難な程度のもの。

2　肢体不自由の状態が前号に掲げる程度に達しないもののうち、常時の医学的観察指導を必要とする程度のもの。

（学校教育法施行令二二条の3に規定）

これに対して、身体障害者福祉法における身体障害の定義は、第四条に示される。

この法律において、「身体障害者」とは、別表に掲げる身体上の障害がある一八歳以上の者であって、都道府県知事から身体障害者手帳の交付を受けたものをいう。

そして別表4には、視覚障害、聴覚障害、言語障害、肢体不自由などが詳しく掲げられている。学齢期の障害は、歩行・筆記とあるように、学校生活上の困難さについて示している。福祉サイドは、身体障害者手帳を交付された者、すなわち福祉的サービスを受けられることを前提とした定義である。

さらに、医学用語の障害は、教育における規定とも福祉におけるそれとも異なっている。一例として、学習障害の概念を比較してみよう。教育におけるLD（学習障害）の定義と医学のLDの定義とを比較するとこうなる。医学のLDは、読字障害、算数障害、書字表出障害、特定不能の学習障害の四分野に区分される。

教育　学習障害とは、基本的には全般的な知的発達に遅れはないが、聞く、話す、読む、書く、計算する又は推論する能力のうち特定のものの習得と使用に著しい困難を示す様々な状態を指すものである。

学習障害は、その原因として中枢神経系に何らかの機能障害があると推定されるが、視覚障害、聴覚障害、知的障害、情緒障害などの障害や、環境的な要因が直接の原因となるものではない。

（一九九九年文部科学省の定義）

さらに医学用語の読字障害については、次のように規定されている。

医学

A　読みの正確さと理解力についての個別施行による標準化検査で測定された読みの到達度が、その人の生活年齢、測定された知能、年齢相応の教育の程度に期待される者より十分に低い。

B　基準Aの障害が読字能力を必要とする学業成績や日常の活動を著明に妨害している。

C　感覚器の欠陥が存在する場合、読みの困難は通常それに伴うものより過剰である。

（DSM-Ⅳ-TR「アメリカの精神疾患の診断・統計マニュアル」の定義）

教育用語としての学習障害と医学用語のそれとの違いは、一言で言えば、教育ではアバウトな内容になっているのに対して、医学では標準化検査を実施することが前提となっている点にある。平成一五（二〇〇三）年に文部科学省が報告した資料には、発達障害の児童生徒がどれくらい存在するかについての全国調査の結果が掲載されている。その結果、学習面、行動面で著しい困難を抱える児童生徒の比率は、六・三パーセントであったという。これは学習障害、注意欠陥多動性障害、高機能自閉症などの発達障害の全国調査である。ただし、問題なのは、担任がチェック・リストをもとに行った調査であり、医師や臨床心理士のような専門家が行ったものではないという点である。そのため、この調査結果には、上記の発達障害の割合を示すものではないと明記されている。だが、この六・三パーセントという数字は一人歩きをして、教員の多くがこの数字を社会的な認知を受けたものとして受け止めている。

教育では、医学のような厳密な診断データに基づいて判断することはない。診断結果にそれほど重点を置かないのは、診断よりも児童生徒の実態に重きを置くからである。かつて私も作成にかかわった神奈川県教育委員会発行の『学習障害の啓発用パンフレット』には、「学習障害および周辺の子どもたちの理解」というタイトルがつけられた。「LDっぽい」、「LDサスペクト」の子どもたちは大勢いる。厳密な診断より何より、その子への対応が求められる教育のスタンスがここにはある。

このように、同じ「障害」でも、それぞれの領域によって概念は大きく異なっている。この点を用語の変遷という視点から見てみよう。

知的障害者の定義はアメリカでは一〇年ごとに改訂されているが、日本でもそれを受けて、例えば、知的に障害のある場合には、「精神薄弱」、「精神遅滞」、「知的障害」と呼ばれてきた。

「精神薄弱」の用語は、「精神が弱くて低い」という否定的なマイナス評価の印象が強く、一九九九年四月から「精神薄弱」は「知的障害」に改められた。

時代や社会の状況によって、障害の定義や用語が変わっていくのは、人権思想の高揚などの社会的価値観の変化に影響を受けるからである。さらに、精神疾患や発達障害に関しては、研究の成果によって障害の分類が変化するだけではない。「障害と経済」という問題が提起されているように、経済効率を高めることを目的として、障害の概念を人為的に操作するということも起こっている。この点には留意する必要がある。経済至上主義の国では、新たな障害の発見は、多大な経済効率を生み出すものと考えられるからである。

障害には、障害当事者の利益のために考え、また行われることとは別のベクトルが働いていることを知らなければならない。この点については、発達障害にかかわって詳しく述べる。

発達障害は、アメリカのＤＳＭ（精神疾患の診断・統計マニュアル）が改訂されるごとに、新たな障害がつくられ、また削減されている。例えば、二〇一三年に刊行されたＤＳＭ-５では、それまで規定されていた「アスペルガー症候群」がなくなった。前回のＤＳＭ-４で登場した「アスペルガー症候群」は、「言葉のある自閉症」として広く認知された発達障害であるが、この名称が消えた。「アスペルガー症候群」と診断された人の中には、支援が受けられなくなると心配する人たちも多い。一旦決定した名称が消滅すること自体、通常はあり得ないことだが、ここでも障害の概念とは常に変わりうるものであることを知る必要がある。

以下では、障害の概念がどのように変化してきたのか、そんな現象を生み出した背景にあるものについて考える。

1　国連における障害の概念

一九七五年一二月九日の国連総会では、「障害者の権利に関する宣言」を採択した。そこでは、「障害者」(disabled person) という言葉は、「先天的か否かにかかわらず、身体的または精神的能力の不全により、通常の個人生活と社会生活の両方または一方の必要性を、自らでは全面的にもしくは部分的に満たすことのできない人のことを意味する」とされた。

さらに、一九八二年の国連総会では、「障害者に関する世界行動計画」が採択され、そこでは「ハンディキャップ (社会的不利益) は、障害のある人と社会的な環境との関連によって生じるもの」と定義づけられた。これによって、障害とは、個々人の身体的・医学的な問題に限定されるものではなく、社会的環境や社会的条件によってつくられるという側面に目が向けられることにより、社会参加を拒むものに焦点が当てられるようになってきていることがわかる。

国連での定義として一定の結論が出されたことは、加盟各国の福祉や教育に関するさまざまな違いがあり、各国それぞれの思惑もあって一つにまとめ上げることの困難さがあるにもかかわらず、障害に対する共通理解が国際社会において認知されるようになってきたことを示している。

2　障害観の転換

社会的状況の変化は、障害の概念そのものを大きく変えた。ここでは一九八〇年の定義と二〇〇一年の定義を取り上げ、端的に比較してみる。

一九八〇年、WHO（世界保健機関）が、「国際障害分類」（ICIDH）を作成した。やがてこれは、二〇〇一年に改訂され、「国際生活機能分類」（ICF）となった。そしてほぼ二〇年後のこの改訂は、前回のものとは根本的に異なる考え方に基づくものであった。

「国際障害分類」（一九八〇年）は、障害を三つの概念で説明している。

ア　機能障害
イ　能力障害
ウ　社会的不利

この三分類は、わかりやすい例を挙げて説明すれば、次のようになる。視覚器官に障害があって、視力がないこと、低下していることを機能障害とし、そのために物を見て判断したり、学習したりすることが困難であることを能力障害、そして生活する上でさまざまな不自由さが生じることを社会的不利という。この時代の分類では、障害を階層的に説明するものとして、まず機能障害、次に能力障害、最後に社会的不利へとつながっていくものと考えられていた。しかし今日では、以下の点に問題があったとされている。その三概念が一方的につながっていると解釈したために、障害が運命的なものであるという誤解を与えたこと、身体機能による生活機能障害の分類に重点を置いたために、障害概念が医学的観点に偏っていること、そしてその結果、障害をマイナスとして捉えたり、本人自身の問題として理解されたりする傾向があったということなどである。

二〇年後の改訂「国際生活機能分類」では、障害を否定的なものと見、かつ本人の特性と捉えることよりも、周囲の状況との関係において見ていくという障害観に変わった。個人の背景全体を示す背景因子には、環境因子と個人因子とがあり、これらが相互に影響し合って複合的な関係にあるものと捉え、障害を個人因子と環境因子とによる総合的な現れと見るようになった。障害を否定的に捉え、治療によって治すべきものとする考え方から、より環境的側面を重視して、社会のあり方を問うという姿勢に変化してきた。ここに至って、障害を個人の宿命的なものとして否定的に見るのではなく、周囲の環境を変えることによって、当事者が生きやすい、生活しやすい環境を整備することこそが重要であると考えられるようになったのである。つまり、障害は、障害当事者の問題ではなく、社会全体の問題であるという認識に変わってきたのである。これは障害モデルの転換と呼ばれるもので、古い考え方を医学モデルと言い、後者を社会モデルと言う。両者を比較すれば、次の通りである。

医学モデル	社会モデル

・障害は個人の問題である。
・病気や外傷その他の健康状態から直接生ずるものである。
・専門職の個人的治療が必要である。
・治療や個人の適応行動が求められる。
・主な課題は治療と保険ケア対策である。

・障害は社会によってつくられた問題である。
・社会への完全な統合の問題である。
・社会への完全参加の環境を整備する社会全体の共同責任である
・社会のあり方を変える思想の問題である。
・人権問題であり政治問題である。

3 障害者人口

さて、障害のある人たちは、日本にはどれくらいいるのであろうか。

平成二九（二〇一七）年度障害者白書によれば、身体障害、知的障害、精神障害の三区分で障害者数の概要は、以下の通りである。

身体障害	三九二万二〇〇〇人	人口一〇〇〇人当たり三一人
知的障害	七四万一〇〇〇人	同　六人
精神障害	三九二万四〇〇〇人	同　三一人
合　計	八五八万七〇〇〇人	

平成二九年度日本の総人口は、一億二六七〇万人であり、そのうち約八五九万人に障害がある。この比率は、全国民の六・七パーセントである。WHO（世界保健機関）の調査によると、世界には一〇億人の障害者がいて、それは全人口の一五パーセントに達するという。これはしかし日本の数字とは少し性格が異なる。これには統計の取り方の違いがあるとも言われているが、日本では少なく見積もる意図が働いているのではないかと思われる。

上記の数字には、一八歳未満の児童生徒も含まれているが、児童生徒の障害者数の概要は以下の通りである。

特別支援学校　　七万一〇〇〇人　全体の〇・七パーセント
　視覚障害　聴覚障害　知的障害
　肢体不自由　病弱・身体虚弱

特別支援学級（小・中学校）　二一万八〇〇〇人　全体の二・一八パーセント
　視覚障害　聴覚障害　知的障害
　肢体不自由　病弱・身体虚弱
　言語障害　自閉症・情緒障害

通級による指導（通常の学級）　九万八〇〇〇千人　全体の〇・九八パーセント
視覚障害　聴覚障害　肢体不自由
肢体不自由　病弱・身体虚弱
言語障害　自閉症　情緒障害
学習障害（ＬＤ）注意欠陥多動性障害（ＡＤＨＤ）

義務教育段階の全児童生徒数は、九九九万人であり、そのうち約三九万人に何らかの障害がある。この数字は全体の三・八八パーセントを占めている。また、発達障害（ＬＤ、ＡＤＨＤ、高機能自閉症等）の可能性のある児童生徒数は、全体の六・五パーセントである。特別支援教育の対象者三・三パーセントと通常の学級にいる発達障害の生徒数六・五パーセントを加えれば、一〇・三八パーセントになっている。全児童生徒数のおよそ一〇人に一人が障害者となる。なお、障害者の総数はあまり変わらないが、少子化にともなって児童生徒に占める障害者の比率は、毎年大きな増加を見せている。

以上「障害の概念」についてさまざまな点から描いてきたが、「障害」はその捉え方や分野別で大きくその様相が異なっている。障害観は政治の動向や国民の意識の変化の中で、今後も変わりうる振れ幅がある。しかし、今日の障害観は、先人たちによる民主主義、共生社会、平等と、福祉への関心と志向、そしてその基礎にある基本的人権の理念の上に立ったものであり、これを土台としてさらにその方向へと推進していくことが大切だと思う。

2　共生社会の実現に向けて

障害はいつの時代でも、差別・偏見・排除という社会問題とのかかわりの中に置かれてきた。以下では、差別や偏見、排除の問題に対して歴史的にどのように取り組まれてきたのかに触れる。

平成二四（二〇一二）年、文部科学省は、「共生社会の形成に向けたインクルーシブ教育システム構築のための特別支援教育の推進」という報告書を発表した。この中で共生社会に向けて、次のように提言している。

すなわち報告書では、共生社会がこれまでに実現できていなかったことを踏まえて、共生社会とは障害者等が積極的に参加できる社会を指し、それは相互に人格と個性を尊重する社会であり、個々人の多様なあり方を認め合い、かつ全員参加型の社会を示すものとしている。過去の歴史で、その存在を否定的に見られ、社会の片隅に追いやられてきた人々が大勢いたことを直視して、「排除しない社会」こそが「共生社会」であることを記している。

さらに報告書は、共生社会の実現に向けて、「インクルーシブ教育」の必要性を重く見て、障害のある者と障害のない者とが共に学ぶ仕組みについて述べ、障害のある者が教育制度一般から排除されず、生活する地域での初等中等教育の機会が与えられること、また個人に必要な「合理的配慮」が提供されること等が必要であるとしている。

ここで言われている積極的参加と全員参加への着眼の持つ意味は大きい。障害児（者）に対しては、本人の意思よりも周囲の人々（保護者、教員、指導員等）の考え方が優先される場面が多々ある。しかし、個人の意思は誰によっても代弁されるものではない。本人自身の意思の尊重こそが大切なのだ。また、社会に合わせて障害者が歩み寄るのであれば、それは共生ではなく、同化となる。積極的な参加には、それを迎え入れる社会の側の歩み寄りが必要となるのである。共生とは、ただ一方的に受け入れるだけではなく、障害者と社会、それぞれの主体的な歩み寄りが前提になければならないからだ。その点が明確でないと、「障害者の受け入れ」というように、社会の側が上から目線で「受け入れてやる」ということになりかねない。共生とは、支援する者、される者というような上下関係に立つものではない。全員参加とは、みんなで一緒に何かをすることからくる喜びの感情が込められているものなのだ。

この報告書には、インクルーシブ教育とは、共生社会実現に向けた重要な教育への試みであることが示されている。

3　インクルーシブ教育に向けた世界的な動向

インクルージョン（包み込み）やインクルーシブ（包摂的）教育という言葉や考え方は、一九九〇年頃にアメリカやカナダで広がったが、一九九四年、スペインのサラマンカで行われた「特別なニーズ教育に関する世界会議」で、国際的な市民権を得た。そこに至るまでの歩みを簡単に振り返る。

1　ノーマライゼーション

よく知られているノーマライゼーションという言葉は、一九四三年にスウェーデンで初めて使われたと言われている。目指すべき福祉国家のあり方をめぐる論議において、入所施設中心の福祉政策を反省し、障害者雇用による自立の方向性を探った結果である。社会から弾き出すのではなく、社会の中に留めることができれば、障害者は市民の一員としての基本権を持つ者とされ、それこそが民主主義の精神に合致するものであると考えられた。このような考え方によって、入所施設収容という障害者への措置は順次解消されるようになり、同時に従来教育困難とされていた知的障害児をはじめとするすべての障害児の教育を受ける権利が認められるようになってきた。教育不可能な子どもなどいないという考えが認められるようになったのである。

ノーマライゼーションの考え方がアメリカやカナダに定着するようになったのは、一九六〇年代である。入所施設での非人間的な状況が明らかになるにつれて、「脱施設化運動」が重要な課題として登場した。これをきっかけに、障害児教育のあり方が、「分離教育」から「統合教育」(インテグレーション)へと移行していくことになる。

ノーマライゼーションの考え方は、その後国際的に認知されるようになった。一九七五年、国連の「障害者権利宣言」には、ノーマライゼーション原理が盛り込まれ、すべての障害者の無差別的平等と諸権利の保障とが謳われている。さらに、一九八一年に「国際障害者年」が設置され、それは一九九三年の「障害者の機会均等化に関する基準規則」、二〇〇六年の「障害者権利条約」へとつながっていく。

国際的に認められるようになったノーマライゼーションの考え方には批判もある。その一点目は、障害者自身の持つ特別なケア・ニーズに対応するのに、ノーマライゼーションの主張する、ノーマルな環境や条件を用意するだけで十分と言えるのかという批判。これまでの障害者政策は、障害者の持つ特別なニーズに専門的に応えるものとして発展してきたが、このような伝統を打ち砕くノーマライゼーションの革新性は評価されるものの、果たして障害者の環境をノーマルなものにすることで、対応が可能であるのかという疑問がそこにはある。二点目は、ノーマライゼーションによって、障害者であることに対する社会的偏見が解消されるのかという疑問である。隔離しない政策によって障害者に貼られるスティグマ(刻印)が解消されるのか。ノーマライゼーションの原理によって、隔離から統合への道が開かれたが、これはそのことによって必ずしも障害者への差別や偏見が解消されたわけではないことを前提とした批判である。

このような課題があるにもかかわらず、ノーマライゼーションの持っている平等性や民主主義の精神は、世界に大きな変化を与え、福祉や教育に多大な影響をおよぼしていった。

2 ノーマライゼーションからインクルージョンへ

ノーマライゼーションという考え方の果たした役割には大きなものがあった。障害者を施設に収容するという従来の隔離政策から、社会に統合するという方向性に切り替わったことは、障害者の人権の尊重や一般の人々の障害者に対する理解の向上に貢献したからである。

ノーマライゼーションの流れの中で、障害児教育も大きく変容してきた。それはできる限りノーマルな教育環境を保障するインテグレーション（統合教育）という考え方の台頭である。古くからある分離教育制度への批判として、統合教育制度の重要性を主張する側から、インテグレーションの取り組みが発展してきた。分離教育とは、男女別学や人種別学、または宗教別学のように、ある基準で分離した形態で行う教育のことを指すが、これらのうち特に大きな課題だったものが、障害児の分離教育である。障害のゆえに、健常者と障害者とが分離されて教育を受けることへの批判の声が上がり、そうした流れの中で障害者もできる限り通常の学校で教育を受けるべきであるとしたのが、インテグレーションであった。そこでは障害児が健常児の学級などで一緒に学習や活動を行うことにより、お互いの理解を深めることを目指した交流教育や共同学習が推奨された。

可能な限り通常の学校や学級で一緒に活動することが望まれたのは、それによって生まれる、少人数の特別支援学校や特別支援学級の子どもたちと、多くの健常の子どもたちとの触れ合いやかかわり合いを通して、お互いの理解が促進されると考えられたからである。

しかし、今日では、インクルーシブ教育がインテグレーションに取って代わろうとしている。インテグレーションという用語は、もともと階級や人種、性、宗教などによる教育上の区別や差別をなくしていこうとする理念であるが、それが、障害児をめぐる教育問題として論議されるようになっていった。背景には、福祉分野での「脱施設化」をめぐる収容施設政策への批判や、教育界における人種的排除に対する権利の主張等がある。

さて、インテグレーションの政策として知られているのが、一九七五年のアメリカの「全障害児教育法」(現在の障害児教育法)であり、一九七八年のイギリスの『ウォーノック・レポート』である。

3　全障害児教育法

一九七五年、「全障害児教育法」が出され、障害の重い子どもを含めて、すべての子どもに対して特別な教育・指導等の「無償で適切な公教育」を保障し、「最小の制約環境」（通常の学級）でメイン・ストリーミングを進めることが提言された。

この全障害児教育法は、何といってもＩＥＰ（個別教育プログラム）の作成・活用を提言したことで有名である。ＩＥＰの目的は、障害児に特有のニーズを満たすために構想された特別の教育やサービスが無償で受けられる公教育が保障されることである。アメリカ国内には、八〇〇万人の障害児がいるが、その特別な教育的ニーズが満たされていないこと、また半数以上が適切な教育サービスを受けていないこと、さらには一〇〇万人が公教育から切り離され、教育を受けられない状態にあることなどが、事前の調査から明らかになった。このような実情を踏まえ、一人ひとりの教育的ニーズを満たすために、きめ細かな教育計画の作成・活用が求められたのである。

4 『ウォーノック・レポート』

教育法制定のために、マリー・ウォーノックを議長とする教育調査委員会が、一九七八年、イギリス議会に提出したものが『ウォーノック・レポート』と呼ばれている。このウォーノック報告は、従来の障害児教育の考え方を一変するものであった。障害児教育の対象になる子どもを、「障害のある子ども」から「特別な教育的ニーズのある子ども」という規定に変え、概念の一大転換を図ったものである。

この「特別な教育的ニーズ」や「特別なニーズ教育」の概念は、一九九四年、スペインのサラマンカで行われた「特別なニーズ教育に関する世界会議」で採択された「サラマンカ宣言」に取り入れられて、世界中に普及していった。『ウォーノック・レポート』で示されていることは、次の通りである。

1　障害は医学の基準でアプローチするより、もっと多様で複雑であること。
2　子どもの課題は、子ども自身の問題と見るのではなく、子どもを取り巻く環境の整備に焦点化すること。
3　保護者は子どもに対しての権利を持ち、子どもの成長のために保護者が貴重な役割を果たすこと。
4　早期教育の重要性。
5　障害児と普通児との間に決定的な境界線は引けず、連続線上のものと見ること。
6　可能な限りインテグレーションを目指すこと。

このような考え方は、今日の教育のあるべき方向性について、多くのことを示唆している。障害の観点ではなく、教育的ニーズの観点で子どもを見ること、障害と健常との間の境界線で人を二分することはできないこと、障害を子ども自身の問題ではなく、環境の問題と考えることなどである。一九九六年の教育法では、医学的な診断に基づく障害概念によって障害児を捉えるのではなく、教育的援助を必要とする子どもとして捉えるべきことが示されている。

　この「特別な教育的ニーズ」の概念は、世界の障害児教育を一変させた。わかりやすく言えば、従来の医学的診断に基づく障害児像から、その子なりのニーズのある子どもという見方へと変えたのである。子どもを障害児の枠の中で見ることから、何らかの課題はあっても一人の子どもと見ることが求められるようになったということでもある。それは医師が人間を病人という枠で捉える見方から、病気のある一人の人間として見ることへの転換に喩えられる。病気についての相談には生活の相談もあり、人間関係の悩みについての訴えもあり、ただ病気を診て対処するだけでは解決にならないことが多い。同様に、最初から何もできない、課題の多い障害児と見る見方を一掃することが望まれているのである。

　この点についても、現在の特別支援学校の教員の中に、障害のゆえに、持てる能力をあまりに低く評価する傾向がいまだにあることを知らされる。特別支援学校に行くと、生徒たちから、あまりに度の過ぎた子ども扱い、障害者扱いへの反発の声を聞くことがある。一人で歩けるのに体を支えるような接し方や、方向はわかっているのに手をつないで指示する指導等、「できない子ども」のイメージを持って指導する教員がいるからだ。それが結果的に指示待ちの子どもを生み出し、自立心を奪っていることに気づかない場合も起こりうる。障害児（者）を一人の人間として見ていくこと、対等な人間同士であると理解することは、教育でも福祉でも重要なことである。

　障害を「個性」として捉える見方も、このような背景から生じてくる。障害を、病気やあってはならないものと考える従来の考え方からは、障害を個性と見ることはない。障害者として見るのではなく、人間として見ることによって、その属性は個性になる。「障害児」という用語にも、「差し障りがあり、害をなす子ども」というマイナス・イメージがある、「児（子ども）」全体を覆っている「障害」は、あまりに障害を前面に出した用語となっている。'Child with disability' のように、「子ども、たまたま障害のある」という用語の使用も考慮すべきと思う。

また、そもそも障害と健常には二分できず、連続線上のものと見ることの意味は、従来の障害観を一変させるものである。固定した否定的な障害者像ではなく、さまざまな可能性を持った一人の人間として捉えることこそが、障害児（者）を市民として見ることなのだ。さらに、子どもの環境の整備は、子ども自身の問題、つまり何かあれば子どもの責任とするという自己責任の押しつけからの解放が、そこにはある。子どもの自己責任など問わないで、そこに至らしめた環境をこそ問題視するという考え方である。これが、現在の障害児教育の到達点であり、すべての子ども理解の原点と解すべきことである。

5　サラマンカ宣言

一九九四年、スペインのサラマンカで行われた「特別なニーズ教育に関する世界会議」で採択された「サラマンカ宣言」は、新しい障害児教育の出発点となった。

「サラマンカ宣言」の最大の特徴は、インクルーシブ教育を前面に出したことである。これは、

「万人のための学校」であり、個々の違いを尊重して、その個別のニーズに的確に対応し、誰も弾き出さない学校を目指すというものである。その要旨は次の通りである。

1　どのような子どもであれ、教育を受ける基本的な権利を持ち、満足のいく学習水準を達成・維持する機会が与えられるべきである。

2　すべての子どもは他の人にはない特徴、関心、能力と学習ニーズを持っている。

3　そのような個々の特徴やニーズを考慮して教育システムを構築し、教育実践を行うべきである。

4　通常の学校は特別な教育的ニーズを持つ子どもたちに対して開かれていなくてはならず、個々のニーズに対応できるように子どもを中心にした教育の実践や配慮が成されるべきである。

5　インクルージョンの理念を持った学校は、差別的態度と戦い、すべての人を喜んで受け入れる地域社会を築き上げ、万人のための学校を達成する。さらに大多数の子どもたちに効果的な教育を提供し、究極的には費用対効果を高めるものとなる。

さらに、「特別なニーズ教育」における新しい考え方についてこう述べている。

1　インクルージョンの学校は、何らかの困難さを持った子どもと可能な限りいつも共に学習すべきである。

2　特殊学校や特殊学級は、通常の学校・学級で教育的・社会的ニーズに応じることのできないことが明白に示される稀なケースのみ、勧められるべきものである。

「サラマンカ宣言」では今後の教師像についても触れ、教員養成研修に障害に関する内容を加えることや、障害のある教師を採用することなどについて述べられている。そして、可能な限り通常の学校・学級での、個々の教育的ニーズを踏まえた教育が求められるという。

6　障害者権利条約

二〇〇六年、国連で採択された「障害者権利条約」は、正式名称「障害者の差別撤廃と社会参加を目的とする人権条約」である。この条約は障害者福祉や障害児教育の方向性を、インクルージョンの用語で表し、世界的なコンセンサスとして示したものである。日本は、二〇〇七年に一部個人通報制の規定を除いて署名し、二〇一三年に批准した。

この障害者権利条約の成立過程では、障害当事者団体の強い主張が背景にあったことが知られている。その合い言葉は、「我々を抜きにして我々のことを決めるな！」である。この条約の目的が、「全ての障害者によるあらゆる人権及び基本的自由の完全かつ平等な享有を促進し、保護し、及び確保すること並びに障害者の固有の尊厳の尊重を促進すること」（第一条）であることに鑑みれば、従来の障害当事者抜きでの政策決定など、本質的にあり得ないことになる。従来は、障害者は政策の対象として考えられ、決定するのは政策担当者であったため、障害者自身が声を上げることなどまったくなかったのである。

この障害者権利条約は、障害者の自由権や社会権に至る広範囲な諸権利の擁護を規定しているが、単なる理念として記されているのではなく、非差別や平等とインクルージョンの実現を求めるものである。今日の言葉で言えば、努力目標なのか義務目標なのかと論議されることがあるが、これは義務目標である。なぜ、このことを取り上げたのかと言えば、日本の法律にも障害を理由とした差別禁止の規定があるからだ。障害者基本法の第四条に、「障害を理由として差別することその他の権利利益を侵害する行為をしてはならない」とある。しかしながら、この規定は理念であり実行力を持たない。また、一九九七年に日本も批准した「子どもの権利条約」の第二条には、障害に基づく差別の禁止が規定されているが、国内法は未整備のままになっていて、これも実効性を持っていない。それどころか、二〇〇六年の教育基本法の改定でも、その第四条に「人種、信条、性別、社会的身分、経済的地位又は門地によって、教育上差別されない」と規定したが、そこには障害は含まれていない。第四条2項に、「障害のある者が、その障害の状態に応じ、十分な教育を受けられるよう、教育上必要な支援を講じなければならない」と規定している。つまり、教育上の支援の対象となってはいるが、排除禁止の対象にはなっていない。障害者権利条約に照らして日本の課題を見るとき、障害児（者）への差別や排除が本気で考えられているのか、この点に疑問がわく。

さて、「障害者権利条約」の中で、インクルーシブ教育についてはどのように取り上げられているだろうか。第二四条の「教育」を受ける権利では、「あらゆるレベルの教育システムでのインクルージョン」、また「フル・インクルージョンというゴール」の実現を締結国の義務と規定している。

「障害者権利条約」第二四条（教育条項）には、「地域社会において、障害者を包容し、質が高く、かつ、無償の初等教育を享受することができること」とされ、障害児の教育では「個人に必要とされる合理的配慮が提供される」ことが必要であると記されている。そして、「締結国は合理的配慮を障害者に提供する」ことと規定している。

合理的配慮とは、障害者から何らかの支援を求める意思表明がなされた場合、過度な負担になり過ぎない範囲で、社会的障壁を取り除くために必要な便宜を確保することを意味している。それは障害の状況や程度によって個別の対応が必要となるが、その要求は法的拘束力を持ち、過度な負担を立証できない限り拒否はできないとされている。

合理的配慮が最初に登場したのは、一九七三年、アメリカの「リハビリテーション法」で、この「障害者権利条約」に採用されてよく知られるところとなった。障害のない人でも、その人個人の能力だけで日常生活を送っているわけではない。さまざまな場面でサービスを受けているが、そのような社会的支援は、障害のない人を想定して考えられたもので、障害者はそれらを利用することができない場合がある。そのため障害者にとって必要な支援を提供することにより、社会的障壁を取り除くことになるが、そこに登場するのが、「合理的配慮」である。

文部科学省は、「障害者権利条約」第二四条を受けて、インクルーシブ教育システムを確保するためにシステム構築事業を起こし、そこで、「個人に必要とされる合理的配慮が提供されること」を位置づけている。

では、合理的配慮とはどのようなものだろうか。

A　小学校や中学校の場合。

1　教員や支援員の確保。

2　施設・設備の整備。

3　個別の教育支援計画や個別の指導計画に対応した柔軟な教育課程の編成や教材等の配慮。

B　共通と考えられる合理的配慮の例。

1　バリアフリー・ユニバーサルデザインの観点を踏まえた障害の状況に応じた適切な施設設備。

2　障害の状況に応じた身体活動スペースや遊具・運動器具等の確保。

3　障害の状況に応じた専門性を有する教員等の配置。
4　点字、手話、デジタル教材等のコミュニケーション手段の確保。
5　障害の状況に応じた教科における配慮（例えば、肢体不自由の体育、視覚障害の美術、聴覚障害の音楽）。

以上のような合理的配慮の具体例が示されている。続いて各障害別に対応した具体例が示されている。肢体不自由を取り上げると、医療的ケアが必要な児童生徒がいる場合の部屋や設備の確保や、医療支援体制（医療機関との連携、指定医、看護師の配置）の整備、また障害の状態に応じた給食の提供等が記載されている。

合理的配慮の生みの親であるアメリカでは、通常の学級に在籍するさまざまな教育ニーズのある子どもたちにも、この合理的配慮は提供される。アレルギー疾患、ぜんそく、ＨＩＶ罹患、心疾患、糖尿病、ＬＤ（学習障害）、ＡＤＨＤ（注意欠陥多動性障害）等もこれに含まれる。そうなると、日本の特別支援教育で新たな対象となったＬＤ、ＡＤＨＤ、高機能自閉症は合理的配慮が適用されることになるが、アメリカのようにさまざまな教育的ニーズのある子どもたちにも拡大されるべきではないかと考えられる。「特別な教育的ニーズ」という新しい概念が登場して、障害と健常とが分けられないという時代になったのだから、支援を必要とするあらゆる子どもに拡大する方向性が見えてきているのではないかと考えられる。

4　障害理解の課題

いままで、すでに障害の理解について述べてきたが、ここで現在大きな課題となっていることを二点、取り上げてみたい。時代や社会の進化を見据えた考え方や取り組みが始まっている。その中から、発達障害の問題とインクルージョンについて考えてみよう。

1　発達障害

アメリカには「精神疾患の診断・統計マニュアル」（ＤＳＭ）がある。アメリカ精神医学会は診断の詳細な手順を公式に導入し、科学的正当性があると主張した。ＤＳＭ-Ⅰ、Ⅱは統計調査を行うために作成され、ＤＳＭ-Ⅲ（一九八〇年）に明確な診断基準が設けられた。精神科医の間で精神障害の診断が異なるという問題が発生したことから、診断の信頼性の問題に対応したものである。このＤＳＭは、世界保健機関による「疾病及び関連保健問題の国際統計資料」（ＩＣＤ）と共に、国際的に広く活用されている。

ＤＳＭ-Ⅲは、その後四回の改訂が行われ、現在はＤＳＭ-５（二〇一三年）が用いられている。だが、この診断基準には課題が多く、恣意的に使用される可能性や、アメリカの保険制度との結びつきで作成された経緯からくる問題もあり、批判と論争は今日まで続いている。特に精神科医の間でも、診断基準が科学的ではなくきわめて政治的なものであり、それが最大の欠陥であると指摘されたにもかかわらず、権威あるものと認定されたことへの批判は強い。

科学的な見解に基づいてではなく、政治的意図によって作成されたものであっても、それがすでに大きな影響力を持ち過ぎていて、診断が差別と偏見を助長しているとの指摘も少なくない。専門家の間でも、診断と治療には大きな乖離があり、今後診断基準を慎重に見守ることの必要性が指摘されている。

この診断基準に従うことによって保険が適用されるため、保険制度というアメリカ政治に組込まれた診断基準と考えられ、診断の適正性が問われている。この基準に従って、日本でも精神障害や発達障害が診断され、その問題点を指摘する声も多いが、現に学校や職場など、社会生活を営む上でも大きな問題が生じている。

障害や心の問題を、その人の置かれている環境とのかかわりの中で見ていくことがどれだけ重要であるかは言うまでもない。だが、その点を意図的に回避して、ひたすら身体の器官、とりわけ「脳の問題」に固執するという過ちを犯していることが最大の問題である。

また、障害と健常との間には明確な境界線を引けないとする今日的見解を無視して、どちらかに決定するという性急さを生じさせている。このことが、教育や社会全体に大きな混乱をもたらすのは言うまでもない。

日本では二〇〇一年、「二一世紀の特殊教育の在り方について」という報告書が出された。その中で、障害の観点から特別な教育的ニーズへの焦点化がなされ、さらに二〇〇三年、「今後の特別支援教育の在り方について」が出されて、特殊教育から特別支援教育への転換が図られることになった。対象となるその目玉は、特別な教育的ニーズのある子どもたち、すなわち発達障害の子どもたちである。従来の障害に加えて、発達障害（ＬＤ、ＡＤＨＤ、高機能自閉症）がその対象となった。日本の教育界で、発達障害がようやく日の目を見ることになったのである。

発達障害の子どもたちがどれくらいいるのかをめぐる調査（二〇〇二年）も行われ、その内訳も公表された。通常の学級にいる発達障害と診断される子どもたちの割合は、六・三パーセントであり、その一〇年後の調査でも六・五パーセントという結果が示された。

この調査は全国五地域の公立小学校、中学校の通常の学級に在籍する児童生徒四一、五七九人を対象としたもので、担任教師の回答した結果であり、医師による診断ではないことから、調査結果はＬＤ、ＡＤＨＤ、高機能自閉症の割合を示すものではないと留意事項に記載されている。だが、この数字は発達障害の児童生徒数を示す根拠として、いつの間にか一人歩きをしている。これは日本初の全国調査であり、文部科学省の実施した調査であったからである。

調査の実施主体が担任教師であり、発達障害に関する事前研修などを受けていないことを考慮すれば、この調査の曖昧性が明らかになってくる。個々の教師の教育観、児童生徒観、学校の地域性などによって、調査結果が大きく変わることは想像に難くないからである。子どもへの評価も一律ではない。つまり、学校でさまざまな問題行動をする児童生徒を厳しく指導しようとする教師と、その子の家庭環境や生育歴等の背景を探る教師とでは、自ずから評価が分かれることになる。この程度でもマイナス評価とされるケースと、この程度であれば普通と評価されるケースとが出てくる。複数教師間の評価を求めてはいるが、落ち着いた学校では些細なことでもバツになれば、荒れた学校では多少外れてもマルということもある。要するに、この調査は教師の主観に依るところが大きく、それほどの客観性はないということになる。だが、すでに公表された数字は、多くの教育関係者にとって周知の事実となっている。

発達障害に焦点を当てたことは間違いではない。いままで見過ごされてきた発達障害の子どもたちを、的確に実態把握し、適切に指導する体制がつくられたなら問題はなかった。だが、そうではなかったのだ。発達障害を適切に受け止めることができなかったがゆえに、彼らの多くは特別支援学級や特別支援学校に送り込まれてきた。それから何が起こったのか。特別支援学級や特別支援学校の子どもたちの急増である。特に特別支援学校は次から次に入学する子どもたちのために学校を新築し、その対応を図っているが、入学希望者の多さに対応がついていかない。それが特別支援教育の実態である。特別支援教育は失敗であった。多くの子どもたちを通常の学校や学級から弾き出すことになったからである。

これはまぎれもなく、通常の学校からの排除という現象である。知的障害のない、ただ落ち着きがなかったり、コミュニケーションに課題のある子どもたちが、通常の学級から追い出されて、

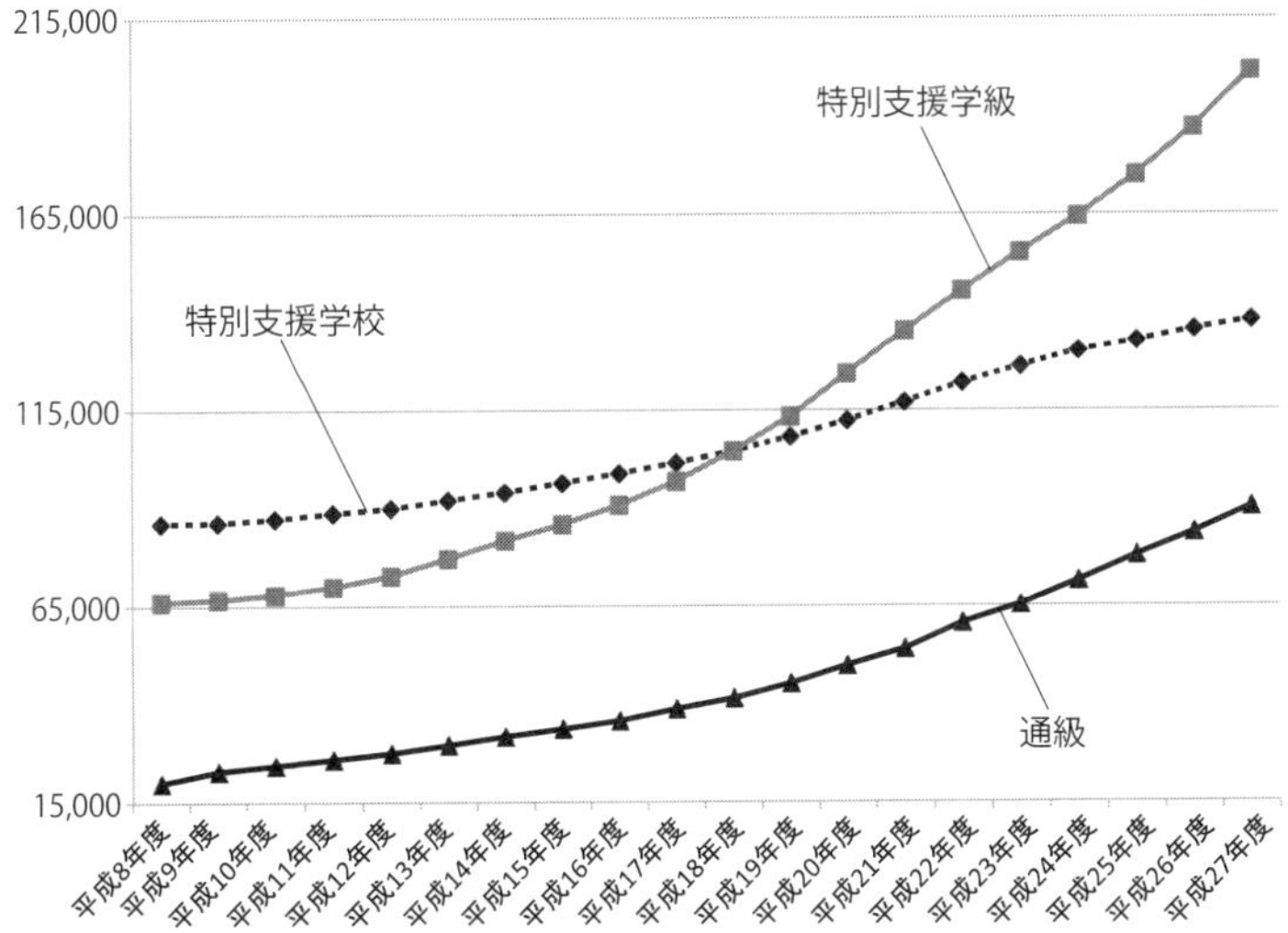

障害児教育を受ける児童数の推移.

「知的障害」の学校にやってくる。

学級で手のかかる子どもたちが、「発達障害」の診断書を理由に、弾き出されている。一〇年前に比べて、障害児教育を受ける子どもたちの割合は、二倍に膨れあがっている。実際に特別支援学校の子どもたちを私は見てきたが、この子たちが通常の学級でやれないはずはないと思う子は多い(図参照)。

学校現場には、発達障害、不登校、外国籍、被虐待等の多様な課題を抱える子どもたちへの対応や、いじめや非行などの問題があり、加えて保護者の強い意見も含めた教育現場の多忙化の中で、教師自身が疲弊している。そんな中で、手のかかる子どもはできるだけ外に出したいと思う気持ちはわからなくはない。だが、発達障害の子どもたちを学級から追いやることと、これとは別の問題であろう。

発達障害への対応に厳しい面のあることは十分に知っているつもりだが、しかし、あまりに多くの子どもたちが特別支援教育への流れに乗せられてしまうことに強い違和感を覚える。発達障害が見つかった場合には、本来は適切な指導や居場所が与えられ、学校システムの中でそのことを十分に配慮した対応が図られるべきであるが、実際にはそうではない。そして、一度貼られた発達障害のレッテルは、生涯その子や家族を苦しめる結果になっている。

そもそも発達障害は、障害なのか。私は大学の授業で、文部科学省の実施した調査書を学生たちに示して、自分にも該当する項目があるかを確認させる。中には半分は当たっているから、自分は発達障害なのかと悩む学生も出てくる。私はインクルージョンを根底において授業を進めるので、障害と健常とは分けられないこと、「人はすべて障害者」の枠でくくられることの二点をつねづね強調しているため、発達障害は人間の傾向性の一つであると説明する。私自身も、ADHDに当てはまるところが多い。学校にいた臨床心理士は、私に向かって「校長先生はADHDですね」と診断し、私自身も認めていた。だから、どうだというのか。

日本には、障害は差別や排除の対象にされる社会的土壌がある。それなのにあえて「障害」と命名した学者たちの良識を疑う。今頃になって、「発達凸凹症候群」とか「発達アンバランス症候群」などという学者がいる。発達障害のラベリングは、多くの子どもたちやその保護者に、また大人たちにも混乱を招いている。特に学校現場ではその対応に追われている。不登校でもそうであったが、少し変わっている人を、あえて「発達障害者」と断定する意味とは何か。差別と排除を生み出している「発達障害」について、社会全体で考えるべきである。人を「病人」や「異常者」の枠に押し込むことよりも、変わっていても迎え入れる社会のあり方について、みんなで考えるべき時ではないのか。

ある著名な精神科医が、フーテンの寅さんについてのコメントを新聞に載せた。実際にこのような人が身近にいたら、みんなが迷惑するだろう。それは発達障害の類型で分析した医師の診断であった。その文章を読んだ瞬間に私が思ったことは、こんな精神科医が身近にいたら嫌だなということだ。多少変わっていても同じ人間なのだから、付き合っていこうよ、となぜ言えないのか。この冷徹な精神科医はそんな風に人を分析し、診断する。こんな人は、私をどのように診断するのだろうか。身近にいて欲しくない人間だと率直に思う。『釣りバカ日誌』のハマちゃんについても、普通人とは変わった生き方のゆえに、発達障害の観点から見る専門家がいる。たしかに、寅さんやハマちゃんが身近にいたら何かと気になるとは思う。しかし、とりわけ変な人、変わった人と見れば、その印象が周囲へと流れていく。誰かが、「それでいいよ」と受け止めなければ、人への偏見はやがて差別になり、排除となっていく。

中学校で特殊学級の担任をしていたとき、知的障害で自分のことがなかなかできない生徒が学級にいた。一言で言えば、「グジグジ」なのだ。彼が何かを始めるとみんなが嫌がった。しかし、それは彼の性格であり、能力であったのだ。みんなは彼が何かを行う動作を見、またグジグジものを言い始めると、露骨に顔をしかめて彼の周囲から離れていった。しかし、学級にいた一人の大柄な女の子はそんな様子を見て、いつも「まあまあ」と周囲をなだめた。彼女の執り成しがあったために、学級で彼は孤立しないですんだ。周囲に迷惑をかける人に対して、「まあまあ」と言って雰囲気を変える人が、集団には必要なのだ。本来それは私の仕事であるのに、彼女が代わってやってくれたことに感謝していた。社会には分析をして集団から追い出す人もいるが、つなぎとめる人もいる。その存在がいかに大切かを思う。もう三〇年も前のことになるが、彼女を忘れたことはない。それは私自身の目標なのだ。

発達障害を考える際に、ほかにも思い出す人がいる。脳性マヒ者の団体、青い芝の会の横田弘さんである。神奈川県教育委員会では毎年、団体の要望を聞く機会があり、横田さんは障害者の立場からの要望を出し、私は行政側でそれに答える立場にあった。話しの中にＡＤＨＤ（注意欠陥多動性障害）が出て、それについて私が説明すると、すぐさま横田さんはこう言った。「注意欠陥多動性障害なんて、そんなものを障害というのか。そんな障害がつくられたら、次から次に新しい障害がつくられる。障害とはそんなものではない」と。彼の主張は明白であった。重度の脳性マヒで、移動や食事などの身辺自立はできず、そんな中で障害者の生きる権利をめぐって闘ってきた横田さんは、発達障害をつくった社会を笑ったのだ。文字通り彼は笑った、障害の何たるかを理解しない世の中に対して。

発達障害を考えるたびに、教育委員会のあの部屋で、横田さんが語ったことを思い出す。彼は笑った。その先を言わなかったが、私にはわかっていた。障害者とは俺のような者を指すのだ、と。社会で受け入れられない人を受け止めるためのものであったはずが、実は社会から弾き出すためにつくられたものであった。それが発達障害の正体ではないのか。

2 インクルージョン

インクルージョンの概念は定まったものではない。国際的にも確固とした共通理解ができているわけでもない。それは各国の福祉や教育についての政策や考え方、またその歴史が異なっているからだ。国によっても学者によっても考え方はそれぞれである。しかし、一般に言われていることを整理すると、次のようになる。

「インクルージョンとは何か」。それは実践する理念である。

インテグレーションとインクルージョンの違い

ここまで世界の福祉や教育の基本的な考え方や政策について見てきたが、インテグレーションとインクルージョンとはどこが違うのかをまとめてみよう。ノーマライゼーションの大きなうねりが世界中に広がっていったが、それによって従来の施設収容型の福祉のあり方から、脱施設化の動向を生み出した。その流れに沿うように教育界でも、隔離教育を疑問視する動きが出てきた。やがてそれはインテグレーション（統合教育）と呼ばれ、障害児と健常児とができる限り同じ時間、空間を共有し、学習や活動を一緒に行うことが推奨されるようになってきた。

ただし、日本の文部科学省は、始めはインテグレーションに消極的な姿勢を見せていた。特殊学級の中に障害児を閉じ込めて、通常の学級から隔離した教育を行う特殊教育が、国の教育の基本であった。そこでは、社会的自立に向けたきめ細かな教育が保障されると考えられていた。しかし、少人数の集団であまり刺激のない学校生活では、子どもの社会性や積極性、人間関係をつくる力などが育まれないと思い、また障害児を囲ってしまうことで健常児の障害に対する理解が育たないと考える教師たちが、校内交流を積極的に行うようになった。交流教育はインテグレーションの一形態だが、特殊学級の交流教育は、教師たちの取り組みとして開始された。文部科学省も交流教育については触れなかったが、現場の教育委員会も管理職も、交流教育の意義は理解できるものの、無理に実行すれば通常の学級の教師や子どもたちに負担がかかるとの考えで、あまり乗り気ではなかった。

さて、インテグレーションは、できる限り障害児と健常児とを同じ場所で活動させることで、障害児にとっても健常児にとってもメリットがあるとするものである。インクルージョンも、同様に隔離教育ではなく、同一空間で共にする教育を目指している。それではどこが違うのか。インテグレーションは障害のある子どもを対象に、通常の教育システムの中で教育をすることだが、インクルージョンは学校から排除される可能性のある子どもに焦点化して、一人ひとりの個別のニーズに対応する教育を行う。インテグレーションは、実際には障害児を通常の学級に在籍させ、

	インテグレーション	インクルージョン
対象	障害のある子ども	学校から排除される可能性のある子どもたち（不登校や外国籍等）
目的	可能な限り分離教育を廃止して通常の教育システムで教育する	学校教育における多様性の尊重や個別的なニーズへの適切な対応
政策	通常の学校教育についていくための指導や配慮	特別な教育的ニーズのある子どもたちの個々のニーズに応じた教育の保障
理念	健常者と障害者とを分離	障害と健常とは分けられないという考え方
		（すべての人は障害者という理解）

鈴木文治『肢体不自由児者の合理的配慮に基づく——インクルーシブ教育ってどんなこと』
全国肢体不自由児者父母の会連合会編, 療育ハンドブック43集, 全国心身障害児福祉財団, 2017年, 14-37頁.

授業に特別な手立てを設けない。そこでは、いわゆる「投げ込み」（ダンピング）の状態になる恐れがあった。一緒の教育を求めるあまり、一人ひとりのニーズに合わせた指導にまでは至らなかったのである。インテグレーションでは、通常の学校のシステム改革までは求めなかったために、結果的に障害児を通常の学校に合わせる「同化」が強いられることになった。個別のニーズや障害者のアイデンティティを軽視・無視する傾向を生んだことが指摘されている。

インテグレーションが子どもが学校に合わせることを求めたのに対して、インクルージョンは学校が子どもに合わせることを目指すものであると言える。通常の学校の教育システムの変革を求めるものでもある。「分離か統合か」の二者択一ではなく、特定の個人・集団を排除せず、学習活動への参加機会を平等にすることである。

インテグレーションとインクルージョンとの違いを一覧で説明すると前頁の表のようになる。

以上、障害概念の変遷や、今日的課題までを概観してきた。障害児教育（特別支援教育）や障害福祉の最前線にインクルーシブ論があり、これを抜きには障害を語れない状況になっている。障害についての考え方はさまざまであるが、現在の到達点としてインクルージョンが世界的に支持されていることの意味を考える。ここには、障害が差別や排除の対象となってきたことへの強い反省がある。また、障害者と健常者との間に境界線を引いて二分することが、意味のないことである点も広く理解されるようになってきた。いわば、すべての人は障害者であり、障害とはその人の個性の一つであると考えられるに至っている。障害者として見る見方から、必要な支援が届いていないこと、それに対する見方・捉え方が、障害を言い表すと考えられるようになってきた。

これを簡潔にまとめれば、障害とは次のように定義される。

障害の定義　その人が生きられやすい環境設定が、図られていない状態にあること。すなわち、ある人が社会で生きていく上で、社会の側に十分な準備ができていないこと。

これが今日の障害についての考え方である。障害と呼ぼうが、個別のニーズと言おうが、それは当事者の側の問題ではなく、社会全体の問題であり、共生すべき社会の側がどう変わるべきかという問題となっている。障害者を健常者に近づけることも、社会に適応させることも間違いであり、社会の側が彼らに合わせることが求められているのだ。

私は現在（二〇一八）、神奈川県教育委員会に設置された「インクルーシブ教育推進運営会議」の会長を務めている。平成二六（二〇一四）年度から開始されたインクルーシブ教育は、通常の学級に障害のある児童生徒を入れるための、基本的な考え方や推進の道筋を検討しており、県民にこの教育を理解してもらうための取り組みとして、インクルーシブ教育フォーラムを毎年四回開催している。参加者は一般県民を中心に、教員、福祉関係者、企業などさまざまであるが、一回の参加者は二五〇名ほどになる。

なぜこの時代にインクルーシブ教育の推進が望まれるのか。それは社会が排除と分断に向かっていることへの強い恐れと不安があるからである。社会が排除と分断に向かうことを阻止するために、まず差別や排除をしない子どもたちを育てることを目的とする。同時に、教育者、保護者の意識改革もその重要な目的である。このことについて私には二つの視点がある。

私は教育者として、障害をはじめとする「学校生活に適応しにくい子ども」の学校で指導をしてきた。そんな中で身についたものは、障害児教育の側から「学校不適応児」をどう見るか、いかに捉えるかという視点である。不登校、中途退学、非行、いじめ、学級崩壊、外国籍など、学校にはさまざまな事例や事象がある。このような状況で学校生活に上手く適応できない子どもたちは、「学校不適応」の烙印をおされ、特別な指導を必要とする者として分類される。つまり、「特別対策対象者」とされる。だが、よく考えてみれば、彼らがなぜ特別なのか。彼らを、自ら決断し、学校教育に背を向けた子どもたちと捉えるのかどうか、という問題である。

かつて神奈川県では、文部科学省の「特別支援教育」に対して、「支援教育」を打ち出した。特別な支援を必要とする子どもたちの対象を、国が「障害、学習障害、注意欠陥多動性障害、高機能自閉症」の四者に限定したことに対して、神奈川の支援教育は、四者に限定しないで、すべての子どもたちを対象にしたのである。一人ひとりのニーズは、障害枠ではくくれないという基本的な考え方を前提に、打ち出したのが支援教育であった。

神奈川の支援教育の創案者であった私は、さまざまな団体に理解を求めて意見聴取を行った。そのときに知らされたのは、支援対象を中途退学や非行の子どもたちを含むとした考え方への、現場の教員たちの強い抵抗であった。高校の教員たちは、中途退学は生徒の進路変更であり、高校や教員の課題ではないと言い切った。中学では、不登校や非行は本人や家族に内在する原因があり、教育サイドの課題ではないと考えられていることを知った。

このような考え方の背景には、子どもであっても、自身の行動には責任が問われるという、「自己責任論」があった。教師たちが「学校不適応」の問題を、教育の課題ではなく、本人や家族に内在する特別な問題としていることに、私は強い違和感を持った。不登校とならざるを得ない子どもたちには、学校での居場所がないこと、一言で言えば、不登校は排除の結果であることの自覚が学校にはないことを知った。それは非行や中途退学でも同様である。

「学校不適応児」とは、「学校から排除された子どもたち」を意味するのではないか。そうだとするならば、インクルーシブ教育を障害者の排除の問題に限定することが間違っているのではないか（鈴木文治『インクルージョンをめざす教育――学校と社会の変革を見すえて』明石書店、二〇〇六、二九三頁）。

さらに、二つ目の視点は、私が牧師を務めるキリスト教会のホームレスの人たちをどう捉えるのか、という視点である。ホームレスは向上心のない怠け者であり、社会的不適応者であるという一般的な考え方がある。自分で自堕落な生活をし、その果てにホームレスになったのだから、まぎれもなく自己責任であると批判される。だが、本当にそうなのか。

教会には、ホームレス、障害者、外国人、アルコール依存症、犯罪の更生者、そして何より貧しい人たちがいる。彼らとの共生の教会づくりに取り組んできたが、たしかに、社会から見れば、「社会的不適応者」と呼ばれる人たちには違いない。

彼らは「社会に適応しにくい人たち」と社会は見ている。「学校不適応児」に対すると同様に、ここにも自己責任論がある。だが、本当にそうなのか。本人の問題として切り捨てるのはたやすい。だが、ホームレスやアルコール依存症、犯罪者などの存在には、その根底に大きな社会的問題が横たわっていることを知らなければならない。

拙著『ホームレス障害者――彼らを路上に追いやるもの』（日本評論社、二〇一二年）には、障害のあるホームレスが多く登場するが、彼らは一様に、幼少時に親の愛情に恵まれず、貧しく、低学力のままに生きてきた。必要な支援も受けられなかった。もし、家庭が豊かであり、親の愛にも恵まれていたら、あるいは適切な支援があれば、障害はあってもホームレスにはならなかった人たちである。

大学での講義、「障害者福祉論」で、私はホームレス問題を取り上げるが、個々の事例をめぐっては、そこには背景として必ず愛着障害があることを提示する。そして、同時に教育としてのかかわりや、福祉の支援のあり方についても触れる。学生たちは、授業の「ワークシート」に「どのような支援があればよかったのか」を書く。つまり、ホームレスになったのは、本人自身の問題からではなく、周囲の環境や支援のあり方の問題からであったことに気づいてもらうのである（前掲『ホームレス障害者』一四―三二頁）。

インクルーシブ教育の課題を、私は障害者に限定した教育とは見ない、その理由は、右に述べたことにある。私には教育者の視点だけでなく、牧師として社会の接点に立つ視点がある。「学校不適応児」も「社会的不適応者」も、当事者が望んだ結果ではなく、彼らの環境が追いやった結果であると考える。ソーシャル・インクルージョン（社会的包み込み）をベースに教育問題を考え、キリスト教のあり方を考えている。

第三章　障害者の信仰

私には、このはなはだ不愉快な質問に答えなければならない責務がある。障害者と共に生きてきて、最も彼らを理解する者の一人として、そして一緒に教会生活をしている仲間である障害のある信仰者を理解している者として。「障害者に信仰はない」と主張する多くの牧師や神父、一般信徒に対して、そうではないと根拠を示しながら反論しなければならない。なぜ、キリスト教を信ずる人たちの間で、このような障害者排除が起こるのか。それは、日常的に障害者とかかわる機会を得なかった人々の持つ偏見に由来する。すでに第二章で述べたインクルーシブ教育で触れたように、日本社会では障害児（者）と共に生きる共生社会が形成されてこなかった歴史的背景があり、また障害者をひたすら社会から隠すという思惑から、障害者と一緒に生きる土壌がそもそも育ってこなかったということがある。いわゆる〈障害者＝マイナス存在〉のイメージの固定化がそこにはある。

キリスト教の世界でも同様のことが起こっている。現実に教会で障害者が受け入れられることはあまりない。それでも視覚障害、聴覚障害、精神障害の人たちが教会員となる例はわずかながらある。しかし、知的障害の人たち、とりわけ言葉のない重い障害者が教会員になることはまずない。理由は端的に言って、そのような障害者を受け入れない時代があまりに長く続き、教会は障害者が入るところではないと考えられていたからである。そもそも障害者のことを教会は考えない。宣教の対象とはまったく考えないのだ。それは、障害者に信仰は持てないという誤解が、牧師や神父の間にあったからである。さらに言えば、キリスト教に潜む優生思想である。神に特別に選ばれた者の思いが、差別意識を引き起こす。障害者はわれわれとは違うという差別感情の壁のゆえに、障害者は教会の門をくぐることができなかったのではないか。

六年前に出した拙著『ホームレス障害者――彼らを路上に追いやるもの』（前掲書）で私は、教会の礼拝に集うホームレスの人々の中に障害者が多くいること、彼らホームレスの人々が決して自己責任でそうなったのではないことを示した。この本は大きな反響があった。私の教会には多くの障害者がいて、みんなで助け合って生きていることを具体的な事例で示したことに対して、読者から、教会であれば受け入れてくれるであろうと期待して教会に行ったが、無視され、追い出されたという手紙をたくさんいただいた。多くはうつ病や発達障害の人たちである。一カ月ほど教会に通ったが、牧師からここはあなたのくるところではないと、閉め出されたという。そのことを主治医に伝えたところ、「宗教者は、言っていることと実際に行っていることとが違うことが多いから、これ以上傷つくことのないように教会には行かないように」と言われたという。社会の側が教会での排除を見抜いている。この事実は、キリスト教があまりに聖書の世界から離れてしまっていることを示しているのではないか。なぜ、どうしてこうなったのか。

新約聖書には、障害者が尋常とは思えないほど登場し、彼らをイエス・キリストは愛されたことが、記事に示されている。神の国の福音を説くキリストの相手として選ばれるのは、まぎれもなく障害者である。

キリストはこう言う。

医者を必要とするのは、丈夫な人ではなく病人である。「私が求めるのは憐れみであって、いけにえではない」。

（『マタイ福音書』九章12－13節）

疲れた者、重荷を負う者は、だれでもわたしのもとに来なさい。休ませてあげよう。

（『マタイ福音書』一一章28節）

こうしたキリストの言葉には、障害者排除の思想はどこにも見当たらない。福音書の根底にあるこの思想が、教会形成の土台にならなかったのはなぜか。キリストの言葉と行いは、キリスト信者にとって、模範であり、生きる道筋である。では、なぜキリストの障害者への思いが、教会では定着せず、伝統とはならなかったのか。なぜ。教会は聖書とは異なった方向に歩んでしまったのか。

言葉（表出言語）のない人には、信仰は持てないという。なぜなら、パウロの言葉にある、「口でイエスを主であると公に言い表し、心で神がイエスを死者の中から復活させられたと信じるなら、あなたは救われるからです。実に、人は心で信じて義とされ、口で公に言い表して救われるのです」（『ローマ書』一〇章9–10節）の記事に重きを置いているからである。言葉で信仰を告白できない者に、信仰はないという。私は何度この言葉を牧師たちから聞いたことであろうか。しかし、私は問う。表出言語でなければダメなのか。手話ではいけないのか。サイン言語ではダメなのか。身振り手振りのジェスチャーでは不合格なのか。人として生まれてきた以上、人としての意思は持っている。言葉のない重い障害者と意思疎通ができないのは、私たちの側に応答できるコミュニケーションの手段がないからではないのか。問われるのは彼らではなく、私たちの側ではないのか、と。

私は、現在も教会から障害者が排除されている現実を見てきた。ここでは、そこに何があるのかを探ってみたい。

1　なぜ教会は障害者を排除するのか

1　言葉の問題

私たちは人とのかかわりの中で、相手の意思を読み取り、自分の意思を相手に伝える。それをコミュニケーションと呼ぶが、意思のやりとりをするためのコミュニケーションのツール（手段）として、言葉を用いる。言葉は同時に目の前に存在しないものをイメージさせる表象の役割をもっている。「りんご」という言葉から、赤くて丸い果物、食べるとシャキっとした食感を持つものがイメージされる。言葉は人と人とが意思疎通する手段としてあるだけではなく、概念に直結した思考のツールでもある。

人の言語発達はさまざまな段階を経て、個人対個人の意思疎通から、集団としての社会の中で意思疎通を図ることができ、共同体としての意思決定をはじめとして、いくつかの水準のコミュニケーション・ネットワークをつくり、複雑なものへと発展していく。こうした言葉は、人にだけ与えられたコミュニケーションの道具なのであろうか。よく知られるように、人以外にも、例えばチンパンジーやイルカにも交信手段がある。現在では蜂のような昆虫にもなんらかの交信の方法があることがわかってきている。他の生物のコミュニケーション手段は、危険を知らせたり、指示・命令機能として効果が発揮されるのに対して、人の言語は、仲間の間で関心を共有することを目的としている点が、決定的に異なるとされている。

さて、言語学者たちによって、言葉はどのように獲得されるのかについての研究が始まった。

一九五〇年代、有名なノーム・チョムスキーが、生得的言語の概念に理論的な基礎を与えた。それは生得論的アプローチと呼ばれ、次のように主張される。

A　言語は人という種に特有で固有であること。
B　言葉の獲得は文化の違いを超えて共通であること。
C　脳は生得的な言語器官を持ち、言葉の獲得においては環境の果たす役割は少ないこと。
（秦野悦子『ことばの発達入門』大修館書店、二〇〇一年、一六頁）

チョムスキーによれば、人は生まれながらにして言語を習得する装置をあらかじめ備えているという。それを言語獲得装置と呼び、特殊化された生来的な言語装置であるされた。たとえて言えば、鳥には羽があるから空を飛べるように、人にはこの言語獲得装置があるから発話ができ、相手の言語も理解できるとした。これは人にだけ与えられたもので、他の生物にはないものと考えられた。

しかし、この理論には限界がある。その後、複雑な言語文法は四歳を過ぎなければ獲得できないことが証明されたり、両親がろう者である子どもが健聴者であることが具体的に確認されたりしたことから、言語環境抜きに言葉の獲得は困難と考えられるようになってきた。

現在では、言語行動を環境における先行刺激との関係で捉える立場の行動主義的アプローチと、右の生得論的アプローチとの両者を融合させた、相互作用論的アプローチという立場が有力となっている。すなわち人としての生物的な言語能力だけではなく、社会的・環境的な認知要因をも含めて、人と環境、人と共同性ないしは場所との相互作用によって、人は言語を獲得すると考えられるようになってきている。

第二章「障害とは何か」で、障害観の転換について触れた。それは、障害を個人の問題とする考え方から、障害を社会の問題として捉える考え方への転換であった。そしてそこに示されたのは、「個人因子」と「環境因子」との二つのベクトルで障害を理解する方向に変わってきたということなのだが、それと同様に、言葉の獲得も個人と環境との両面から捉えるように変わってきている。言語とそれに類するコミュニケーション手段の獲得は、人間と他の生物とを分ける基準にはならず、人間にも生まれながらにして言語獲得機能が充全に装備されているわけではない、ということなのだ。

教育の世界において、障害のある子どもに対する言語指導のあり方が工夫され、外国籍の子どもや被虐待児の言語獲得に向けて特別なプログラムが用意されているという現実は、言葉の習得が言語環境のあり方に大きく作用されることを前提にしている。教育的環境なしに、言語能力の発達はあり得ないのである。

アヴェロンの野生児の事例からも、それは明らかであろう。よく知られているこの事例は、一七九七年頃、南フランスの森の中で発見された野生児について、報告されたものである。発見当時一二歳くらいであったこの野生児は、知的障害と共に自閉症をあわせ持っていたとされる。パリに移送されたが、人々は数カ月もすれば社会復帰して、普通の少年のように言葉も覚え、社会生活が送れるようになると考えていた。発見者は軍医のジャン・イタールであり、この少年を引き取って、ヴィクトールと名づけ、教育を行った。だが、言語の習得に関しては、アルファベットを順序立てて並べることまでは成功したが、会話は不可能であった。知的発達の遅れもあり、思春期になっても異性に関心を示さず、発作を頻繁に起こした。やがて教育による成果の見通しが立たないまま、ひっそりと暮らすようになり、推定四〇歳で死去した。原因は不明である。

ここでアヴェロンの野生児を持ち出した理由は、この野生児ヴィクトールが自閉症であったという説にかかわっている。野生児の研究で知られる精神分析医ブルーノ・ベッテルハイムは、ヴィクトールが自閉症であったと主張する。ヴィクトールについて記された資料の分析によって、その行動様式が重い自閉症の子どもに当てはまるとしたのである。自閉症の子どもは言葉を持たない。模倣行動も行わない。他者への興味・関心もなければ、集団活動への参加意欲もない。これらのことがヴィクトールにも該当するとして、ベッテルハイムは次のように言う。

ごく幼い時期の環境があまりに普通の状態とかけ離れていて、しかも生まれつきの資質がとりわけ環境の影響を蒙りやすい場合には、人間発達が全体として阻害されることになり、人格の諸側面のうちにはどうにか発達する部分があるにしても、それらの側面すらはなはだしく歪んでいてあまり役には立たないだろう。

（B・ベッテルハイム『自閉症・うつろな砦2』黒丸正四郎ほか訳、みすず書房、一九七五年、二二二頁）

言語の発達を含めて人間の成長には、その人を取り巻く教育的環境が不可欠であることが、ここからもわかる。特に言葉の発達には人的な環境が不可欠である。言葉は自動的に学習され、ひとりでに口をついて出てくるものではない。重い自閉症であれば、なおさら表出言語の獲得は難しい。人には生得的に言語獲得装置が植えつけられているとは言い難い。言葉は神からの賜物として、すべての人に平等に与えられているわけではないのだ。

キリスト教神学においても、これに関して重要な点が指摘されている。キリスト教界では、言葉（表出言語）を持たない人たちは信仰を持つことができないとされ、教会から排除する時代が続いた。否、今日でもその傾向はきわめて強い。言葉は神から与えられたものであり、「言葉のない人は神から出でし者ではない」という理屈によって、排除されてきたのである。

この点については、本章後半の第2節「キリスト教史における障害者像」で提示するが、神学の世界において、「言葉」がとりわけ重要な位置を占めていることは不思議ではない。神は言葉によって世界を創造され、御子キリストは言葉であるとされた（『ヨハネ福音書』一章）。言葉を理解する者だけが神とキリストとを理解するとされ、言葉のない者は門外漢とされたのだ。

著名な神学論争として知られる「神の像」（イマゴ・デイ）論争も、言葉をめぐる問題と捉えることができる。

神の像は、『創世記』一章27節に記されている、「神は御自分にかたどって人を創造された。神にかたどって創造された」とある「かたち」（イマゴ）と「かたどって」（シミリチュード）の二つからきている。神学的には、ローマ・カトリック教会では、イマゴは理性において残存し、シミリチュードは堕罪によって失われたと説明する。マルティン・ルターはこの二つの概念を否定し、罪人の自覚を強調した。しかし、堕罪によっても神の像の残余があることは認め、神と人間との本源的な関係性は残されていると主張した。

この「神の像」をめぐる論争は、二〇世紀のエミール・ブルンナーとカール・バルトのいわゆる「神の像論争」として世に知られることになる。ブルンナーは『自然と恩寵』（一九三四年）の中で、人間は堕罪にもかかわらず動物や他の被造物とは異なる「人間たらしめるもの」を有していて、それは「言語化能力」であるとした。そこに神の似姿を見ようとしたのである。ブルンナーは、人間にしかない言語能力や、語りかけに対する応答責任性こそが、「神の像」が形式的に残存しているものであるという。このような「神の像」の残滓が言語能力であるとする主張に対して、バルトはその考え方には自然神学の傾向があるとして鋭く批判した。

自然神学とは、神についての認識をイエス・キリストの啓示に直接に拠ることなく、人間本来の理性能力によって探求しようとする考え方である。神とはどのような方であるのか、それはイエス・キリストによって示される以外には、人は知ることができない。神について人は何も知らないというキリスト教の本来の考えに対して、人間の理性によって神を知ることができると考えたのが自然神学である。わかりやすく言えば、宇宙の法則や人体の不思議さの中に、神を知ることができるとするような思想である。しかし、そこに現れているのは人間の能力への信頼であり、それは同時に、人間の理性では神を知ることができないという、イマヌエル・カントによる理性批判の基本的な命題の否定である。

人間本来の能力で神認識が可能であるとしたブルンナーに対して、バルトは「否！」(Nein!)を突きつけたのである。バルトはブルンナーの示す「人間の啓示能力性」を批判をする。人間の側から神への道はないと主張するバルトに対して、人間の側からの神への道があるとするブルンナーの主張には、埋めることのできない大きな隔たりがあった。

最近の研究では、この論争は自然神学論争としては一応の結着は見たものの、実際には神学論争以外の点からもこの論争を見るべきではないかと主張する考えもある。それは論争の時代の政治的・社会的な状況との関連で、論争の意義を位置づけようとする捉え方である。神認識を人間の良心や責任応答性の延長線上で理解すること、または自然や既存の秩序の中に神認識の可能性がありうるとするブルンナーの人間学は、ナチスの登場と第二次世界大戦前夜という時代の文脈の中では、あまりに無邪気で単純な発言であると、バルトには思われたのではないかという論争の背景についてである。こうした人間学は、ナチスの考える国家の神話に正当性を与えるものと考えられたのである（深井智朗『超越と認識――二〇世紀神学史における神認識の問題』創文社、二〇〇四年、一〇五頁）。

ここで私が注目したいのは、自然神学論争そのものではない。ブルンナーの主張する、人間と他の動物や被造物とを分けるものは、人間の持つ「言語化能力」であるという思想についてである。ここにある言語化能力に対する無批判的な肯定が何を招いてきたか、この問題についての認識と反省はほとんどないままに、今日まできてしまったと言って過言ではない。「言語化能力」こそが、人間が人間であって、猫ではない要件であるとする誤解が、言語のない障害者を教会の外に追いやってきた原因ではないのか。言葉は生まれながらの生得的な機能として、環境によって言語発達は変わりうるという事実を知らない神学者たちによって、障害者差別が行われてきたのではないか。歴史的にも、やがて興ったナチスによって、多くの障害者が生きる意味のないものとして抹殺されていった。その根底に、人間自身の高貴性への信頼が、他の生物とは異なった言語化能力への過信があることを知らなければならない。

2　コミュニケーションの問題

コミュニケーションとは、一般的には対面する者同士が、主に言葉によってお互いの意思や意見を確認する対話を指しているが、それは今日では人間以外の生物による交信と意思疎通の事実や、言葉を解するコンピュータ技術の進歩によって、人間同士のみで成り立つものという原則が崩れてきている。

コミュニケーションとは、送り手が言葉によって相手に意思を伝え、受け手がそれを解読して取り出すことに他ならないが、その手段としては視線や身振り、表情などの非言語行動によるものも含まれる。それが相互情報伝達過程と呼ばれるものである。

キリスト教世界では、言葉のない障害者が教会から排除されてきた。それは言語能力の不足が、信仰告白を困難にさせると考えられたからである。同時に、言葉によるコミュニケーションの困難さは、人間関係の形成に大きな問題をおよぼす。人間関係の成立に難のある者と、神との関係が果たして成立するのかという問いが生じてくるのである。言葉は人間社会を生きる上で、相手への、仲間への理解を円滑にするツールであるが、同時に神との関係も言葉によって可能になる。神の言葉を聞くこと、聖書を読むこと、神へと祈りを捧げること、それらはすべて言葉の理解を前提としている。人は言葉によってものを考え、概念を形成し、自分の意思を明確にする。その言葉のない者がどうやって神との関係に入れるのだろうか、と。

キリスト教世界では、このような疑問が当然のことのように横たわっていた。ここで問われるのは、言葉のない人は自らの意思を持ち得ないのかということである。軽度の障害者であれば、言葉はなくとも身振り、手振り、サイン言語によって意思を表明できる。では、そのようなコミュニケーションの手段を持たない重い障害者には、意思はないのであろうか。

養護学校において、実際に言葉のない障害児とコミュニケーションをする授業に取り組んだ事例を二件紹介する。

障害の重い子どもたちの教育現場には、発語のない子どもたちが大勢いる。しかし、うわべの印象はどうあれ、実際には一人ひとりが「自分の言葉」を持ち、認知力以上の「内言語」を持っていることに気づかされる。いわゆる重度重複障害と呼ばれる重度の肢体不自由と知的な遅れとをあわせ持つ子どもたちは、音声言語による発語がないため、またその他のコミュニケーション手段もごく限られていて、指導上大きな困難にぶつかることが多い。しかし、その子たちとの日常的なかかわりの中で、そのような子どもたちから課題を突きつけられているという思いを強く感じる場面がある。そうした子どもの指導事例である。

指導事例①　中学三年生のA君は、障害が重いため通学が困難であり、訪問教育を受けていた。自発的に体を動かせる部分がほとんどなく、人工呼吸器をつけているため表出方法が見つからない。ある日、A君の目を見つめて、「自分の言いたいことを、目を動かして伝える子もいるよ。やってみようか」と言うと、それに応えるようにまつげの生え際、まぶたの縁がひらっと動いた。それ以来、試行錯誤の末に、どのような話もまぶたの縁を動かすことで、「イエス」を伝えることができるようになっていった。強調したいときには、少し大きめにひらひら動かすことができた。このような指導の繰り返しの中で、毎回の授業で意思を伝えることができるようになった。

A君の指導がどれくらい成果を上げたのかについては、「A君新聞」を作ったことに示される。高校二年のあるとき、歯が取れたことがあった。これで新聞づくりをしようと盛り上がったのだ。文章の案を教師が提案し、編集長のA君が提案に対して、「イエス」、「ノー」を伝えて文章を決めていく。やがて新聞が完成し、親に見せたところ大変驚き、そして子どもの成長に涙ぐんだ。目の動きがコミュニケーション手段となった例である。

指導事例②　B君は小学一年生。内部障害がいくつもあり、人工呼吸器を使用し、食事は口腔ネラトンによる。ときおり足や体が無意識的に動くことはあるが、視界からの情報はまぶたを開けてもらったときに限られ、彼の表出方法はなかなか思いつかなかった。

訪問授業を行ったが、いわゆるベッドサイド・ティーチングである。このB君から発信してもらう方法は何かあるのだろうか。それが教育の課題であった。そして、やがてそれが見つかった。問いかけや歌を歌うときには、呼気に力を込めていることに気づいたのだ。それ以来、呼気に注目して授業を行うようになった。心拍数や覚醒状態を確認しながら授業をした。その授業は教師の働きかけがわかるように、一つ一つの活動を呼気に合わせて提示するようにした。呼気の変化にも留意した。働きかけたときに呼気に力を入れる。呼気に確実な強弱がある。何かに応えるように長い間、呼気を強めることがある。

このような特性を理解した上で、呼気に合わせて絵本を読んだり、呼気に合わせて電車のアナウンス、「出発」、「進行」の合図、駅名の呼称を行うことができるようになった。呼気で相手に意思を伝えることができるようになったのは小学校三年生のときである。三年間の指導によって、呼気でコミュニケーションがとれるようになった事例である。


この二つの事例の背景には、教師の涙ぐましい努力がある。子どもとの関係性をつくることの難しさ、体調不良による指導時間の短縮など、困難を覚えたことは数え切れない。だが、この子と会話をしたい、コミュニケーション手段を確立させたい、という教師の熱心さがこのような成果をもたらしたのである。

養護学校の教育、特に重度重複障害の指導にかかわる教師のあり方として大切なのは、この子は教師の話を聞いている、わかっているという強い思いである。それがなくては教育はできない。はじめからこの子にはどうせわからないと思う教師では、道は開かれない。教師の思いには、いまだ見えていないものを信じる信仰者の思いと通じるものがある。教育は祈りなのだ。

二〇一六年七月二六日の未明、神奈川県相模原市にある知的障害者入所施設「津久井やまゆり園」で施設利用者一九名が殺害され、施設利用者と職員二七名が負傷するという事件が起き、戦後最大の無差別殺戮事件として大きく取り上げられた。この事件の犯人は、障害者の抹殺は正しいことだと主張し、特に言葉のない重度の障害者は生きる意味がないとして、言葉があるかないかを職員に確認しながら、殺人を繰り返したという。

言葉のない障害者は、生きる意味がなく、周りを不幸にするだけの存在なのだろうか。そもそも、言葉のない障害者は人ではないのか、物にすぎないのか。あのような人たちに人格はあるのかと傲然と語る人たちがいる。むしろ、そのように考える者に、真実の人格があるのだろうかと問いたくなる。人はどんな状態であろうとも、生まれながらに平等であり、差別は赦されないという人権思想を持たない者が言葉の暴力をふるう。それは、心底赦されないということを、私たちは人間として心に刻みつけるべきである。

養護学校の指導事例に示されるのは、どのような重い障害があろうと、人であるとは意思を持つということであって、このことを抜きに教育はあり得ない。とことん子どもの発達に心血を注ぐからこそ、道は開かれる。もし、コミュニケーションがとれないとしたら、それは障害者の問題ではなく、コミュニケーション手段を見つけられない私たちの側の問題である。

キリスト教が、言葉に対して異常な信頼を寄せることによって、言葉のない人たちを排斥してきたのはあまりにも愚かなことである。そのような人たちは、津久井やまゆり園事件の犯人と、いったいどこが違うのだろうか。

2 キリスト教史における障害者

西洋の障害児教育は、キリスト教信者によって担われてきた。そこに至るまでには、障害者無用論が横行する中にあって、障害者を一人の人格と見なし、教育が可能であると信じた人たちの努力があった。ここでは、西洋の盲人教育、ろう者教育に焦点を当てて障害者の歴史の一片を見ていきたい。

今日、ろう学校の教育では手話を言語として教えている。しかしこれまで、手話が聴覚障害者の言語であることを認めない時代が続いた。一八世紀後半になって手話に光が当たるようになって一〇〇年も経たないうちに、再び口話法が用いられるようになる。ここでは、口話法か手話法かの問題には直接触れずに、歴史的にろう者がどのように見られ、どのように教育されてきたのかについて見ていこう。

ろう者の教育が論議される以前には、ろう者は社会においてどのように位置づけられてきたのか。率直に言ってその人々は、蔑みをもって「余り者」と呼ばれ、社会の中に居場所を持てなかった。一六世紀の半ばまで不当な法律によって、ろう者は知的障害や精神障害と同じと見られ、彼らに対する教育など、とんでもない寝ぼけ話とされた。彼らを社会から拒絶することを正当化してきたのである。多くの哲学者や神学者は、いかなる理性や信仰をもってしても、創造主との関係性が断ち切られた存在として彼らを見るしかないとしていた。ろう学校を開設したシャルル・ド・レペ神父は、彼の時代すなわち一八世紀になっても聾唖の子どもたちは三歳になる前に殺される国があったと語っている。では、キリスト教の啓蒙思想と博愛主義の影響のもとで、ろう者に人権が与えられたのか。キリスト教は残念ながら万能ではなく、無謬でもない。この時代、むしろ差別する側に回り、ろう者を傷つける役割を果たしているのである。

ボルドーろう学校の校長であった、ロシャンブロワーズ・シカール神父は、次のように述べている。

ろう者は単に歩く機械であって、その身体の構造は動物のそれにも劣っている。……コミュニケーション手段を持たないがゆえに、感覚印象は移ろいやすく、心の中には何も残らない。……道徳性についてはあらゆるものを自分のものだと言い張り、いささかの理性的配慮もなく、暴力的な衝動のみに突き動かされる。

（H・レイン編『聾の経験——一八世紀における手話の「発見」』石村多門訳、東京電機大学出版局、二〇〇〇年、三〇五頁）

ろう者は聴覚に障害があるだけで、あらゆる点で他の人々とまったく変わらない。それをこれほどまで貶《おとし》めているのはなぜなのか。神は被造物を良きものとして創造した。しかし、聴覚という一点を欠いたがゆえに、彼らを神から遠い者と見なしたということではないのか。聖職者である者が、否、そうであるからこそ、言語を持たないろう者への特別な蔑視があったのではないか。背景には、言葉に対する特別な賜物意識が見える。

皮肉なことに、トラピスト修道院では口を開くことは厳禁であったという。身振り言語でコミュニケーションをとることが、厳格な戒律の中に記されている。すべてを知っておられる神の前で、人の言葉は無用とする考え方に基づいて、人の言葉は自己の高ぶりを示すものと見なされたからである。できあがった聖職者よりも、かつての修道士の方が、言語とは何かをよほど理解していたのではないか。

手話は、教育以前の子どもたちが自然に身につける言語である。だが、ろう学校では長く口話法を教えてきた。口話主義がその頂点に立ったのは、一八八〇年である。このときミラノ国際聾教育者会議の決議で、ろう者の社会的復帰を図ることを名目に、「手話の排除」が宣言された。グラハム・ベルは、「純粋口話主義の勝利は、淘汰という自然法則の貫徹である」として快哉を叫んだと言われている。ベルはろう教師であり、聴力検査の発明者、その副産物である電話の発明者でもあることで知られる。

ベルはろう者同士の結婚によってろう児の出生確率が高まることを危惧し、「ろう者という人類の変種」が形成されつつあると指摘して講演を行っている。そして、ろう者同士の結婚を禁ずる社会政策の必要性を説いている。内容は、優生思想の主張に他ならない。この講演では次のように述べ、大学や社会から激しい反発を買った。

ろう者に対する誤った考え方を膨らませるためには、ろう者をろう学校に閉じ込めて人目に触れないようにすることが有効である。彼らの身振り手振りは、それについて知らない人たちには驚きであり、恐怖心さえ引き起こす。（H・レイン編『聾の経験』前掲書、三八四頁）

こう述べたベルは、今日ではろう教育の父、ヘレン・ケラーの庇護者として知られている。何よりも電話の発明者として、人類の偉人に列せられる人であろう。だが、彼には根底にろう者への蔑視観があり、手話を猿まねとして厳しく禁じたという一面もある。彼の授業では、手話を使用させないために、後ろ手に縛り上げたという。人には神から与えられた言葉がある。これを使わない者を人とは認めないということである。こんな帰結まで導いた、言葉を神による賜物と考えたことの過ちの深さを思う。ベルは今日の言葉では「優生主義者」であり、障害者への蔑視を抱えて生きた人である。そのことに、改めて驚きを禁じ得ない。

二〇一八年一月一八日、『朝日新聞』の投書欄にこんな投書が載った。日本ではかつて障害者の不妊手術が行われ、その犠牲となった方が訴訟を起こした。投書の筆者にはそのことについて、障害当事者の兄弟として思い起こしたことがある。兄に障害があり、養護学校に通っていたが、当時の校長から兄に去勢手術を受けさせるように言われたという。父親が泣きながら口にした「断種」という言葉のむごさを思い出したのである。養護学校の校長が障害者の父に向かってそんなことを言うことが信じられず、深い傷を負ったのだ。神奈川県の養護学校であった。

私はその記事を読んで、おそらく投書者の年代からみて、私が養護学校の校長をしていた時代の少し前であり、それを語った校長とは面識があるのではないかと思った。障害者を理解し、社会の差別や偏見に立ち向かう使命を持った養護学校のトップである校長の口にする言葉ではない。この人権感覚の異様さは、どこからくるのか。

特別支援学校（養護学校）教員の人権感覚の希薄さを、私は実際にたくさん見聞きしている。しかも、学校経営のトップであるべき校長の中に、障害者への差別感情を抱いている人がいることも知っている。

ある校長は、養護学校の児童生徒を前にして、「君たちは、一生税金で生活することになる。だから社会に対して、ありがとうを繰り返し言い続けなければならない」と何度も話したという。また、ある校長は、若い頃教育センターの指導主事として、自分の子どもの通う学童保育の責任者をしていたが、養護学校の子どもがその学童保育に入りたいと希望を出したところ、指導員は理解したが、責任者であった彼は保護者会を開いて反対の決議をした。彼は自分が障害児教育の専門家という立場から、障害者を入れるとどのような問題や混乱が起こるかを書面にして保護者たちに説明した。その結果、障害者の希望は認められなかった。

この二人については、直接私がかかわったことなのでよく知っている。前者の校長は、私が務めていた中学校の教頭であった。後者のケースは、学童保育の希望を出し、そこにつなげたのは当時養護学校の教頭をしていた私自身であった。

投書にあった養護学校の校長の言葉は、障害者を守るべき立場にある者の語るべき言葉ではない。だが、学校には、そして社会には、このような人たちがいるのも厳然たる事実ではある。ここで思い出されるのは、養護学校の教員、校長は世にあるたくさんの職業の一つではないということだ。その人の生き方、考え方が問われる仕事なのである。

キリスト教会の神父や牧師が、障害者に対する差別や偏見を持っていてもおかしくはない。しかし、そんな事例を残念ながら多く見てきた私にとっては、キリスト教とはいったい何なのかをいつも問わなければならないのである。


さて、フランスのパリ施療院の貧民救済は、歴史的にもよく知られている。カトリックの慈善事業として始められたものである。カトリック信仰の中核である神への愛、隣人への愛は、アガペーの語で知られるように、他者のために仕える生き方が奨励され、そのかたちを取ったものとなった。六―七世紀のことである。

一世紀半ばのエルサレム教団に始まる初代キリスト教会では、「神は喜んで施す人を愛してくださる」（『IIコリント書』七―九章）を文字通りに実践し、貧しい人々、病気の人々への食事などの提供を行っていた。やがて五、六世紀になると、イタリアのベネディクト修道院では、「訪ねてくる者は、キリストを受け入れるように受け入れよ」と会則に記し、巡礼者用の宿泊施設を設置した。そこには病人や貧しい者のための施設もあり、これが後に病人や貧しい者を保護する施設へと発展していった。

フランスでは近世になるまで、障害者はいたるところで遺棄されていたという。フランスで最初の盲人救済施設、キャンズ・ヴァン救済院は、十字軍遠征に出かけたルイ九世が、エジプトのイスラム勢力に捕らえられ、失明刑によって盲人とされた三〇〇人の貴族がスルタンから送り返されたとき、彼らの救済のために一三世紀にパリに建てられたという伝説がある。この救済院は、修道所のような性格を有し、ここで修道士、修道女になるための条件は、盲人であること、貧しいこと、カトリック信仰を持っていることであった。ここには一五二人の盲人修道士、晴眼修道士六〇人、そして盲人と晴眼修道女八八人が生活していたという（林信明『フランス社会事業史研究――慈善から博愛へ、友愛から社会連帯へ』ミネルヴァ書房、一九九九年、一五四頁）。

一八世紀後半になると、フランスの障害児教育は一挙に花開くことになる。ド・レペ神父がパリ聾唖学校を設立し（一七五〇年頃）、聾唖者のための教育を開始する。盲人教育では、ヴァランタン・アユイがパリ盲学校を設立し（一七八四年）、点字法を開発する。

アユイの基本的な考えはこうである。盲人の多くはキャンズ・ヴァン救済院の修道士・修道女として、人々の喜捨によって生活していたが、教育によって社会における職業に就くことが可能になるはずだ。そうすることで、物乞いや社会への依存から、自立への道が拓かれる。アユイに対しては、多くの反対意見があった。だがアユイは、盲人も独立した人格を持つ人間であり、彼らを教育することは、人間愛からくるものだと説いた。アユイは、当時のモンテーニュ、ロック、ルソーなどの啓蒙哲学に触れていて、人権思想を持っていた。

ド・レペやアユイたちによって、聾啞者や盲人の教育が起こされ、今日の障害児教育の礎《いしずえ》が築かれたのである。障害児教育がキリスト教の啓蒙思想と博愛主義の中から確立されたものであることは事実であるが、このことについての私見として二点を指摘しておきたい。

救済院への収容の問題　盲人をキャンズ・ヴァン救済院に収容する際に、彼らを教職（修道士、修道女）として位置づけたということ、そこには教職にある者として優遇するというよりも、ある打算が働いている。当時の障害者には物乞いによって生きるしか道はなく、多くの障害者が道に座って人々の憐れみを乞うて生きていた。しかし、それがあまりにも多く、町の風紀を乱すと考えられ、物乞いが禁じられたのだが、救済院の盲者には特権が与えられ、彼らだけが物乞いをする権利が与えられたという。修道士・修道女という神に仕える者であるからだ。

しかし、よく考えればわかるように、救済院に入ることのできない多くの障害者たちの物乞いを禁じるのは、彼らの生存権を奪うことである。社会福祉の制度などまったくない時代なのだ。

しかも、救済院の盲者は聖職者であるから、日々の生活は一般の修道士と同じである。つまり、知的に問題のない盲者だけが選ばれて修道士・修道女になれたということなのだ。それ以外の障害者は、生きる術を奪われた状況に追い込まれた。文字通り、言葉のない障害者は死すべき者と宣告されたに等しい。

救済院が設立されて、盲人が生活できるようになったことは喜ばしい。だが、それは表向きの成果であり、実態は彼らの背後にいる大勢の障害者の遺棄につながっていることも知るべきである。

盲人やろう者が、なぜ優遇されるのか

西洋の障害者救済は、盲人や聾唖者を対象にして行われた。では、知的障害や肢体不自由に対してはどうであったのか。

盲教育や聾唖教育は早くから始まった。パリ施療院は貧民救済の目的で六—七世紀に設立され、活動したが、そこに収容されたのは障害者の中でも盲人や聾唖者であったと思われる。一八世紀になると、聾唖教育、盲教育が盛んになっていく。

しかし、知的障害者の学校はそれから数十年ないし一世紀近く遅れ、スイス人グッゲンビュールによって、流行性熱病のクレチン病に罹患して知的障害者となった子どもたちのための寄宿舎・学校がつくられたが、それは一八四一年のこと。さらにアメリカに渡ったフランス人エドゥアール・セガンによって、ニューヨークで「精神薄弱および身体虚弱の子どもたちのための生理

学的学校」が設立されたのが一八五〇年代である。また、肢体不自由児の学校ができたのは一八三二年、ミュンヘンにおいてであった。このように、知的障害や肢体不自由者の学校の設立は、盲学校や聾唖学校の設立に比べて大きく遅れている（中村満紀男・荒川智編著『障害児教育の歴史』明石書店、二〇〇三年、三五、三六頁）。

日本の障害児教育の歴史を見ても、盲教育、ろう教育の学校が先行してつくられているが、知的障害者、肢体不自由者のための学校は、最終的には一九七九年の養護学校の義務化まで待つしかなかった。

このように障害児教育の中でも、知的障害や肢体不自由の子どもたちの教育が遅れているのは、知的障害の有無によって障害者を仕分けたことに起因している。盲人や聾唖者には、知的障害のない人たちが多い。この人たちの教育を優先させるのは、背景に社会的有用論が、つまり教育の結果、社会に有用な存在となしうる可能性があるからである。だが、知的障害や肢体不自由（この中には知的障害をあわせ持つ重複障害者が多い）の教育が遅れたのは、社会に有為な存在となしうるかどうかを基準とする社会的有用論が根強いからである。

日本では、明治五（一八七二）年に「学制」が交付されたが、その中に、「廃人学校アルヘシ」と記載されている。この表現は、西洋の事情を視察した福澤諭吉らが見聞きした西洋の障害児学校を念頭に置いたものだが、障害者を「廃人」という差別語で表現した時代感覚は、その後の歴史においても一掃されないまま、「障害者は役立たず」の印象を消去することができずに、今日を迎えている。
言葉を持つことの意味が、差別感情を生み出している温床となっていることに、改めて留意する必要がある。

3　M・ルターの洗礼論

一九八二年、東海地教区教職ゼミナールにおいて、東京神学大学の熊沢義宣教授は、基調講演として次のように述べた。

障害者は世界全体で四億人、総人口の一〇パーセントに当たる。信仰告白を絶対条件とする限り、知的障害者は教会のメンバーとなったり、キリストの食卓に与ることから排除されている。

日本の教会には、障害者はいないことが普通であり、中でも知的障害者が信者となることはきわめて稀である。洗礼を受け、聖餐に与ることが信者になることだが、そもそも洗礼を受けるのは、信仰告白の承認を受けた後である。
使徒パウロは、「口でイエスは主であると公に言い表し、心で神がイエスを死者の中から復活させられたと信じる」（『ローマ書』一〇章9節）ことが、信仰告白であると言う。信仰告白はきわめて知的な行為なのである。そうであるなら、知的障害者の信仰告白はきわめて困難であり、彼らには教会への門は閉ざされているということになる。事実、以前から長い間、知的障害者には信仰は持てないものとされ、教会に受け入れてもらえない歴史が今日まで続いている。

キリスト教で、障害者をどのように位置づけ、遇してきたのかは、ナチス・ドイツとの関係からも明らかである。ナチスは障害者二〇万人を抹殺し、四〇万人に不妊手術を施した。当時のキリスト教会は、ナチスとどのようにかかわったのか。ナチズムが台頭する一九三三年の前年には、プロイセン領邦教会会議において、「ドイツ・キリスト者」のグループが全議席の三分の一を獲得した。キリスト教をナチズムと結びつけることで、ドイツ第三帝国の精神的支柱たらんとした、この「ドイツ・キリスト者」の政治的綱領第七項には、「人類の純粋性を保持しなければならない」とあり、さらに第八項には「寄る辺無き者に対するキリスト者の義務と愛情は必要だが、人民を怠惰な存在や劣等な存在から守ることはより重要である」と記されている。ヒトラーは、「障害者は役立たずだ、だから価値はない……だから、安楽死させたほうがいい、と考え」て政策を進め、戦争終了までに多くの障害者の命が奪われた（熊澤義宣『キリスト教死生学論集』教文館、二〇〇五年。一三九頁）。

戦後七〇年を過ぎて、障害者抹殺の歴史が明らかになり、精神医学界のこの犯罪への加担がようやく歴史の表に現れるようになった。ドイツの精神医学会が「Ｔ４」作戦と呼ばれた障害者殺戮への同意を精神科医たちが行っていた事実を認め、公に謝罪したことを、太平洋戦争開戦七五年特集「障害者と戦争」が放映した。

キリスト教関係の福祉施設の中でも、このような非人道的なことに加担し、そして黙認されていた事実がある。障害者の劣等性という、まさに優生思想の考え方を前に、キリスト教会は恥じることなく、障害者への蛮行を主導する役割を担ったのである。

さて、知的障害者の洗礼について、マルティン・ルターの洗礼論を考察する前に、カトリックではこの問題にどのように対応したのかを見ておこう。カトリックの精神薄弱者の洗礼についての捉え方は、A・ファン・コール『倫理学神学概論』第一巻の教会法に記されている。概要は次の通りである。

教会法において精神薄弱者という場合、精神病理学における場合と違って、理性の働いていないすべての人を指す。……幼児期からの精神薄弱者は、年齢のいかんを問わず、幼児とみなされる。そのため、教会法七五四条一項は「精神薄弱者および凶暴者に洗礼を授けてはならない。ただし、病状が出生時から、または理性が働き始める以前からの者には、幼児とみなして洗礼を授けなければならない」と規定している。

（A・ファン・コール『倫理神学概論』第二巻、浜寛五郎訳、エンデルレ書店、一九七六年、六六頁）

この教会法における精神薄弱者の定義では、理性の働かない人とされているが、そもそも今日では知的障害者を理性のない者とする考え方は否定されている。一九七五年段階での知的障害者の定義とこれはまったく異なっているのであって、その点からもカトリックの独断的な定義と言える。

しかし、新生児にできるだけ早く洗礼を授けるというカトリックの原則は、障害者の洗礼に道を開いている。人間の理性に先行する神の恩寵という考え方がそこにあるからである。

一方、ルターは『大教理問答』の中で、洗礼についてこう記している。

私たちが第一に注目すべきことは……洗礼が神の事がらであり、人間によって考案くふうされたものではないという事実を疑ってはならないということである。……神の御名によって洗礼を受けるということは、人間から受けるのではなく、神ご自身から受けるということである。

（マルティン・ルター『大教理問答書』福山四郎訳、ルター著作集第一集第八巻、聖文舎、一九七一年、五一一―五一二頁）

このように、洗礼は神の業であり、一方的な恩寵であるとするルターは、幼児洗礼についてはこう述べる。

幼児洗礼がキリストの御こころにかなうものであることは、キリストご自身のわざから十分に証明される。……洗礼を受ける者が、信じているか、いないかは必ずしも重大なことではない。信仰の有無によって洗礼が不当なものとなることはなく、神の御言と戒めがいっさいだからである。

（同書、五二〇―五二一頁）

ルターは、洗礼についてのこの捉え方の根拠として、『ローマへの信徒の手紙』五章6節以下を挙げる。

実にキリストは、わたしたちがまだ弱かったころ、定められた時に、不信心な者のために死んでくださった。……しかし、わたしたちがまだ罪人であったとき、キリストがわたしたちのために死んでくださったことにより、神はわたしたちに対する愛を示されました。

ルターの洗礼論には、障害者の洗礼が本人の能力や意思によるものではなく、神の恩寵の現れであることが明記されている。心で信じ、口で告白しなくても、洗礼はある。洗礼を受けさせたいと考える親や教会の信徒の交わりが、そのことを可能にする。この信徒の交わりをもう少し掘り下げてみよう。聖書には、障害者を神のもとに、またキリストのもとに連れて行く人々がいる。

中風の人の癒し　『マルコによる福音書』二章に、イエスと大勢の人が集まっている家に、屋根に穴を開けて天井から吊り下げられる人のことが記されている。マヒがあって足腰の立たない人を四人の男が運んでくる。「イエスはその人たちの信仰を見て」、足腰の立たない中風の人に、「子よ、あなたの罪は赦される」（5節）と言われ、彼は癒された。「その人たち」とは誰のことなのか。ここでは運んできた四人の人と、その信仰とを指している。障害者や病人を支える人たちの信仰のゆえに、障害が癒されたのだ。

足の不自由な者の癒し　『使徒言行録』三章に、神殿の境内に足の不自由な男が運ばれ、ペトロによって癒された記事が載っている（本書一七八―一八一頁参照）。彼は生まれながら足が不自由であって、毎日神殿の門のそばに置いてもらっていたという。彼はペトロとヨハネが境内に入ろうとするのを見て、施しを乞うた。ペトロはお金の代わりに、キリストの名による癒しを与えた。彼は議会でペトロが取り調べを受ける間、そばに立ってキリストの証人の役割をした。

この物語では、足の不自由な男はキリストによる癒しを求めたのではない。金銭を求めたのに癒しが与えられたのだ。彼の信仰が彼を救ったのではない。むしろ、彼を毎日神殿のそばに連れてきた人たちの信仰のゆえに癒されたと言ってもいい。彼に仲間がいることと、その仲間の祈りと実践とが彼の癒しを起こしたのだ。

この二つの聖書の章句は、信仰とは仲間として生きることだということを示している。仲間の信仰や祈りが、神の奇跡を生む。信仰とは独りで神の前に立つことではない。信じる仲間が共に生きることにあって示されることなのだ。

今日のキリスト教会は、個人主義的な信仰の傾向が強く、「信仰のわれら性」、そして教会の共生性が失われて久しい。信仰とは、信じる仲間と共に生きることである。そうだとすれば、障害者の信仰を祈る仲間のいるところには、障害者の信仰もあるのだ。

障害者に信仰は持てないのか。以上見てきたように、教義的には障害者が洗礼を受けることに問題はない。では、どこに問題があるのか。それは、「口で告白する」という一文である。結局、言葉のない者が教会から排除されてきた伝統は、今日に至るまで生き残っている。キリスト教会にある「選ばれた者」思想が、そうさせているのではないのか。特別に選ばれた者は、選ばれない者の存在を前提とする。選ばれる存在は「優れた者」であり、そうでない者は「劣等者」である。キリスト教会に根づいているこうした「優生思想」が、障害者排除を生んでいるのだ。選ばれた者は、それが偏に神の恩寵であることを心底理解するべきなのだ。

障害者に信仰はある。私は教会においてその例をたくさん見てきた。第一章「仲間になるということ」では、障害者と共に生きる教会の中の障害者の姿を紹介した。障害者に信仰はあり得ないのではないか、このような妄言を吐く人間が、神に選ばれた者であろうか。

4　聖書の言葉、その意味

『ヨハネによる福音書』一章1—5節には、大変よく知られた記事がある。

初めに言《ことば》があった。言は神と共にあった。言は神であった。この言は、初めに神と共にあった。万物は言によって成った。成ったもので、言によらず成ったものは何一つなかった。言の内に命があった。命は人間を照らす光であった。光は暗闇の中で輝いている。暗闇は光を理解しなかった。

『ヨハネによる福音書』は、「共観福音書」と呼ばれるマタイ、マルコ、ルカの福音書とは大きく異なっている。それは、ギリシャ文化の強い影響を受けている点である。他の福音書もギリシャ語で書かれているが、アラム語で書かれた後にギリシャ語に訳されたのだ。それに比して、『ヨハネ福音書』は最初からギリシャ語で書かれている。

『ヨハネ福音書』の最大の特徴は、神話的キリスト論とこれに関連した二元論的なグノーシス主義の影響が色濃く現れていることである。「先在のロゴス」、「父から遣わされた者」、「天から下って再び天に昇った者」、また「神と悪魔」、「光と闇」などの表現がいたるところに登場する。

これらは、『ヨハネ福音書』の背景にいるのが、グノーシス主義的キリスト者であることを示しているのである。

では、「グノーシス」とは何か。グノーシスとはギリシャ語で「認識」を意味する言葉である。彼岸の世界から人間に啓示される、救いをもたらす認識が、信仰の中心にある。イエスこそが「先在のロゴス」であり、父である神から愛された者、彼を信じる者を救うためにこの世に遣わされた者であることを、ヨハネは告知する。

『ヨハネ福音書』の最初に登場する文言は、「ロゴス讃歌」と言われ、ロゴスが神の所有たる世界に先在し、創造を媒介して終末期に到来したことを示している。ここで重要なのは、ロゴスが創造・生成の概念によって示されるものではなく、すべての時と世に先立って存在するとされていることである。「初めに、神は天と地を創造された」と『創世記』一章1節に記されているが、それは「言葉」による創造である。「光あれ」の言葉によって光が生じた。言葉は神の意志そのものである。したがって、神は言葉において自己を啓示する神として、人間に呼びかける神である。イエスは世のできる前から神と共にいて、神と人間とをつなぐ役割を果たすのだが、それはあくまでその「言葉性」によってであることを示している（ジークフリート・シュルツ「ヨハネによる福音書——翻訳と注解」松田伊作訳、G・フリードリヒ監修、関根正雄他日本語版監修『NTD新約聖書註解4』NTD新約聖書註解刊行会、一九七五年）。

このように、神とは何か、人間とは何かを問うこと、それはそのまま言葉の果たす役割の大きさを理解することであるとされる。そこでは、ギリシャ哲学の影響を受けたグノーシス主義の傾向があるからこそ、言葉の持つ重要性がより肥大化されたのである。言葉はコミュニケーションの手段としてだけではなく、言葉そのものに神的な要素が加えられ、神格化された。

カール・バルトは、その著書『ヨハネによる福音書』の中で、「ロゴスの本質は神（ホ・テイオス）として示されるものの本質と同一視される。神の神性はそのままロゴスに与えられている」と述べている。さらに、神はイエス・キリストにおいて、言語であり、語りかけであり、われわれにかかわる言《ことば》であること、これに比べると、その他のことは色あせるとも書かれている。

また、言葉とは、一人の人物が他者に、自分自身以上のものではなく、以下でもないものを開示する際の、地味ではあるが比較し難いほどの真実の形式であり、それが神の言葉であるがゆえに、それはある言葉（ein Wort）ではなく、本来的な言（das Wort）、すべての言葉の中の言なのであるという（カール・バルト『ヨハネによる福音書』吉永正義・木下量熙訳、日本基督教団出版局、一九八六年、五一頁）。

『ヨハネ福音書』に登場する神の言葉は、メシアであるイエス・キリストをギリシャ哲学の観点から表現したものである。バルトが説くように、神の言葉とは究極的には誰が言葉なのかを表現しているのだ。言葉自身が神の性質を持つことを明らかにしているのである。

キリスト教では、このように神と人とをつなぐものとして、「言葉」の重要性を位置づけてきた。「神の言葉」とは、神の愛の心が結晶したものであり、キリストこそ神の心の結晶となった「言葉」

であると解釈される。これは、「言葉が肉体となった」という受肉を表現しているのである。このようにして言葉は、神と、そして人間の救いとに関する最も重要な鍵となり、その理解は、「言葉のある者」を前提とするようになったのである。

神は人の歴史の中で、多くの者を選ばれてきた。だか、選ばれた者はすべて雄弁で、言葉の点で非の打ち所のない者たちばかりではない。よく知られているように、出エジプトの指導者モーセは言葉に難があった。『出エジプト記』六章12節では、モーセ自ら「唇に割礼のない」者と言い表している。明らかな言語的障害があることを示しているのである。具体的には吃音である。その障害のゆえに、兄弟アロンがモーセに代わって、預言者として民に語る役割を負うことになる。にもかかわらず、神はモーセを民族のリーダーとして選んだ。さらに、預言者エレミヤは、神の召命に際して、こう答える。「ああ、わが主なる神よ、わたしは語る言葉を知りません。わたしは若者にすぎませんから」と。エレミヤの主張に対して神は、「若者にすぎないと言ってはならない」と命じ、エレミヤの口に触れて、「見よ、わたしはあなたの口に、わたしの言葉を授ける」と言って、預言者としての召命を行った（『エレミヤ書』一章6–9節）。

言葉に難のある者を神は選ばれている。それは、神が人の能力を選びの基準とはされない方なのだということを表している。神の一方的な憐れみだけが、神の選びのあり方なのだ。

そしてすでに見てきたように、言葉はコミュニケーションの一つの形態である。言語だけではなく、コミュニケーションの方法は多岐にわたるのだ。聴覚障害では、口話、手話、指文字、キュードスピーチ、身振り手振りなどさまざまな方法があり、一人ひとりのニーズに応じたコミュニケーション・ツールを用いる。トータル・コミュニケーションの用語で示されるように、多くのコミュニケーション手段があるのだ。視覚障害では、点字や指点字がある。知的障害や肢体不自由ではサイン言語、身振り手振り、マカトン法、視覚情報の活用もコミュニケーション手段である。また、文字盤を用いたコミュニケーションもある。これらはいずれもコミュニケーションの方法として用いられる。言葉によるコミュニケーションは、その中の一つであるに過ぎない。

パウロの時代には、手話も点字もなかったであろうが。

言葉（表出言語）を過度に重要視することが、結果的に障害者を教会から排除している原因となっている。神の愛は言葉を超えていると考えるべきではないか。

5　F・ゴンサレスのキリスト教史

フスト・ゴンサレスの名著『キリスト教史』は私たちに大きな示唆を与えている。彼の思考の特徴は、「マイノリティの視点」である。彼自身、国民の大半がカトリックであるキューバの生まれで、プロテスタントとして育った。そのために彼は常にマイノリティを意識し、マイノリティを肯定的に受け止める思考に徹してきた。その視点から書かれるキリスト教史は、キリスト教主流派ではなく、またキリスト教勝利主義者でもない視点から描かれている。例えば、十字軍を扱う場合にも、キリスト教側からの評価だけではなく、イスラム教の視点が加えられる。すなわちそこには普遍宗教のそれではなく、世界の一宗教による十字軍という観点がある。ゴンサレスは言う、十字軍のもたらしたものは、イスラム教とキリスト教との相互不信と敵意である、と。決して正統主義者の言うような「十字軍の成功と失敗」としては見ない。

このような主流派的なキリスト教理解とは異なる思考が随所に示されている。伝統的なキリスト教の歴史が、常に欧米のキリスト教のそれであるという枠を破って、特にかつてキリスト教国から見れば地の果てであった南米やアフリカのキリスト教会の発展とその思想に学ぶべきだと主張される。

ゴンサレスは、欧米の旧キリスト教国で非キリスト教化が進み、一九〇〇年には全キリスト教徒の約五〇パーセントがヨーロッパ圏であったが、一九八五年には約二八パーセントまでに落ち込んでいることを指摘する。また、一九〇〇年にはキリスト教徒の約八一パーセントが白人であったのに対して、二〇〇〇年には四〇パーセントになっている、とも。そして、それらは欧米のキリスト教の終焉を意味していると言うのである。

かつて「地の果ての宣教」と言われていたラテン・アメリカやアフリカが、キリスト教国として自分たちに福音をもたらした人々の子孫に対して、信仰の証しをする時代になっていると、フストは指摘する（フスト・ゴンサレス『キリスト教史』下巻、石田学・岩橋常久訳、新教出版社、二〇〇三年、三七二頁）。

日本の教会は欧米のキリスト教から長く学び、多くを取り入れてきた。だが、受け止め、吸収するだけではなく、ゴンサレスが指摘するように、マイノリティの視点からキリスト教史を見るとき、キリスト教正統主義やキリスト教勝利主義の視点からは見えないものが見えてくる。アメリカの黒人差別にはキリスト教会が深くかかわっていることや、ナチス・ドイツでユダヤ人や障害者虐待の主役を担ったのが教会であることも、昭和の一五年戦争でアメリカ在住の日本人が排除され、その財産を没収されたことに教会が一翼を担っていたことも今日では明らかにされている。キリスト教会は決して正義と公正の推進者ではなく、神の名の下に、苦しむ人々を窮地に、死地に追いやってきたことを知るべきなのである。

欧米の正統主義神学や教会組織を導入した日本のキリスト教には、マイノリテイの視点が欠如していたことは明白であり、障害者や外国人居住者、ホームレスや貧しい人々への関心を欠く教会形成になってしまっていた。

信仰の個人主義が日本のキリスト教の伝統であり、個人主義の前提となる富裕層に属する、エリートのための教会になっていった。「信仰のわれら性」は教会の中心とはなり得なかった。日本のキリスト教が大きな教勢に至らなかったのは、何よりも生活上の困難を負う民衆の宗教にならなかったからである。苦しむ人々の支えとならなかったキリスト教は、欧米のキリスト教と同様に滅亡の危機を迎えている。

日本のキリスト教も終わりの時を迎えている。五〇年後に日本にいくつの教会が残っているだろうか。教会に若い人がこなくなって久しく、教会学校も続々と閉鎖されている。それは日本でのキリスト教受容が、信仰としてよりも教養として受容されてきたことに由来するのではないか。旧士族階級の知識層が、その受容を担ってきた経緯がそれを示している。それは現代にも引き継がれているのである。

一方で、ラテン・アメリカやアフリカでは、生きる希望として、貧しく苦しむ人々の宗教としてキリスト教は発展している。豊かになった欧米や日本では、キリスト教は時代遅れの非科学的な宗教として片隅に追いやられている。

キリスト教はもともとは貧しく苦しむ人々の宗教であった。聖書を見れば一目瞭然である。このような視点から、キリスト教の宣教は行われるべきであった。豊かな社会となった日本ではそれに合わせた教会になっている。ここではキリスト教の発展は期待できない。

聖書に示されるように、キリスト教とはマイノリティの宗教であり、貧しく苦しむ人々の教会であることに立ち帰れば、宣教の希望は見えてくる。長く勝利者の宗教として位置づけられてきたキリスト教が、聖書の原点に帰るときに、私たちのなすべきことと、そこに向けた視点が明確になる。言葉のない障害者や貧しい外国人居住者、ホームレスの人々など、重荷を負って苦しむ人々が教会の中心となるべきではないのか。そのような人たちを排除してきたキリスト教会は、いま終焉の時を迎えている。

II

共に生き、包み込む

――インクルーシブな生き方の根拠――

第四章　イエスと障害者

1　旧約聖書の障害者

障害について、旧約聖書の時代にはどのように考えられていたのであろうか。ユダヤ教はある意味では現世的な宗教である。神の祝福の意味するものは、長寿、子孫の繁栄、蓄財といった直接生きる上での利益である。ここからは、障害や病気は神の祝福とは逆のものであると理解される。旧約聖書に登場する障害者は、いずれも障害ゆえの悲惨な状況に置かれているのである。

律法の書である『レビ記』には、神殿での奉納者の条件として無欠損性が記されている。神殿に捧げ物をする者には身体障害や知的障害があってはならないとされている。障害者や病人は、礼拝をすることから排除されていたのである。

障害者不浄論は、祭司の資格にかかわって、『レビ記』二一章で次のように記されている。

主はモーセに仰せになった。アロンに告げなさい。あなたの子孫のうちで、障害のある者は、代々《よよ》にわたって、神に食物をささげる務めをしてはならない。だれでも、障害のある者、すなわち、目や足の不自由な者、鼻に欠陥のある者、手足の不釣り合いの者、手足の折れた者、背中にこぶのある者、目が弱く欠陥のある者、できものや疥癬《かいせん》のある者、睾丸のつぶれた者など、祭司アロンの子孫のうちで、以上の障害のある者はだれでも、主に燃やしてささげる献げ物の務めをしてはならない。彼には障害があるから、神に食物をささげる務めをしてはならない。しかし、神の食物としてささげられたものは、神聖なる物も聖なる献げ物も食べることができる。ただし、彼には障害があるから、垂れ幕の前に進み出たり、祭壇に近づいたりして、わたしの聖所を汚《けが》してはならない。わたしが、それらを聖別《せいべつ》した主《しゅ》だからである。

（『レビ記』二一章16－23節）

祭司についての障害者規定からの逸脱は、たとえ大祭司であっても耳をそぎ落とされ、大祭司職を罷免されたことが記されている。

この祭司の資格に対応するのが、神に対する献げ物としての動物規定である。『レビ記』二二章には次のように示されている。

イスラエルの家の人であれ、イスラエルに寄留《きりゅう》する者であれ、満願《まんがん》の献《ささ》げ物《もの》あるいは随意《ずいい》の献げ物を献げ物として、焼き尽くしてささげるときは、主に受け入れられるように傷のない牛、羊、山羊の雄を取る。あなたたちは傷のあるものをささげてはならない。それは主に受け入れられないからである。

（『レビ記』二二章18－20節）

これ以下に、動物に障害のある場合の具体例が続いている。

祭儀上の無欠陥性は、本来奉献物について当てはまったものであるが、それが祭司職の規定にも拡大されたのである。奉献者は特別な条件を満たした者である必要はなく、一般の信徒で問題とされることはなかった。ところが祭儀の制度化が進み、祭司の地位の向上にともなって、障害者はそこから排除されていったのである。

『レビ記』には、障害の原因を両親に負わせるといった記述はない。つまり、先天的な視覚障害や肢体不自由を親の犯した罪のせいにすることはなかった。子どもの障害の原因を両親の罪責にあるとする見方は、後期ユダヤ教になって登場し、そうした考え方は、イエス・キリストによって全否定されるまで続いたのである。

障害は今日、言うまでもなく本人の罪でも両親の罪でもないとされる。だが、例えば私自身の障害には、いずれも遺伝的要因が大きくかかわっている。たしかに、両親の罪によるものではないが、家系上になんらかの因子があることは明らかである。私はこれまで、多くの障害児の教育に携わってきたが、そんな中で遺伝性の障害が多いことを教えられた。それゆえに、障害に対する社会的偏見は根強く生き残っている、と言えるのだろう。交通事故による片足切断というような単発的で一回的な個人の負う障害ではなく、家系的に継続する障害であるがゆえに、周囲は偏見の目で見るのだろう。親の罪の結果ではないと言っても、家系に問題があるのだとすれば同じことではないのか。だからこそ、障害そのものについて、どんな意味でもマイナスの評価をしない峻厳たる人間観が求められるのだ。

聖書の勉強をするうちに、私はモーセが吃音であることを知った。神の召命に対して、「私は唇に割礼のない者」ですと答えている（一五四頁参照）。言語障害のあるモーセを、神は出エジプトのリーダーとして立てた。神の言葉を民に語る預言者の役目は、兄のアロンが受けることになった。

私自身が自らの障害のゆえに、牧師への召命を受けることはできないのだろうかという迷いのさ中に、神は障害者を用いたまうことを知ったのである。障害があろうと、神が言葉を私の口へ入れてくださる、そのことを信じて私は牧師になる決心をした。

モーセの事例を見てもわかるように、障害者への配慮が聖書には記されている。例えば、『申命記』には盲人への配慮として、「盲人を道に迷わせる者は呪われる」と記されている。しかし、その一方で、障害者は神殿から追い出すことと規定し、また他方では障害者を社会の一員として配慮して受け入れねばならないともいう。二つの考え方が併存しているのである。

『申命記』には盲人への配慮に続けて、「寄留者《きりゅうしゃ》、孤児、寡婦《やもめ》の権利をゆがめる者は呪われる」

（二七章19節）とある。ここには、たしかに社会的に排除されやすい者への配慮が示されている。『申命記』二八章には、障害が神の呪いと祝福によってもたらされるとある。

もし、あなたがあなたの神、主の御声《みこえ》によく聞き従い、今日わたしが命じる戒めをことごとく忠実に守るならば、あなたの神、主は、あなたを地上のあらゆる国民にはるかにまさったものとしてくださる。

（『申命記』二八章1節）

そしてこれ以降、「はるかにまさったものとして」、どのような祝福があるのかを細かく記している。だが、神に従わない場合には、呪いが下される。

しかし、もしあなたの神、主の御声に聞き従わず、今日わたしが命じるすべての戒めと掟を忠実に守らないならば、これらの呪いはことごとくあなたに臨《のぞ》み、実現するであろう。

（『申命記』二八章15節）

ここでもまた、従わない場合には、どのような呪いが下されるのかを、以降に細かく記している。呪いの実現とは、肺病、熱病、高熱病、悪性熱病などであり、またエジプトの腫れ物、潰瘍《かいよう》、できもの、皮癬《ひせん》、さらには「主は、あなたを打って」、気を狂わせ、盲目にするなど、実に執拗なまでに列記されている。

要するにここでは、障害とは、罪に対する罰として神が与えるものであることが明らかにされているのである。こうした記述の背景には、障害を否定的なものとする考え方があることを示している。ただ同時に、聖書には障害を否定的に捉える考え方とは異なるものも、たしかに見出すことができる。

モーセの事例を見てもわかるように、障害者への配慮はまぎれもなく聖書に記されている。『申命記』の別の箇所では、盲人への配慮として、「盲人を道に迷わせる者は呪われる」（二七章18節）とされている。この一見、矛盾する障害への向き合い方の併記は、何を意味するのだろうか。『エレミヤ書』三一章には、帰還を赦される捕囚の民の集団の中に、盲人も肢体不自由者も含まれるという記事がある。本来、異邦の地にある盲人や歩くことのできない障害者は、異邦人の援助によって生きることになる。にもかかわらず、帰還の折りには障害のゆえに異邦人の地に捨て置かれるのではなく、神の民の一員として帰還がかなうと言うのである。そうした障害者を包み込んだ大集団として祖国に戻ることができる、と預言者は言うのである。ここでは、障害があろうとなかろうと、まさに神の共同体の一員として平等に扱われるべきことが示されている。

旧約聖書の時代には、障害を人間の罪に対して神が与える刑罰とする捉え方が一般的なのだが、他方で障害者に対しては共同体の一員として配慮されねばならないことがはっきりと定められていた。このことは、ユダヤ民族には神との契約の徴《しるし》として律法が与えられたとする考え方があったことと深く関係している。モーセの十戒や『申命記』『レビ記』などに記された神の律法を守ることが、ユダヤ民族の義務であり、誇りでもあった。そして、この律法は、次の二つに集約される。

その第一は、『申命記』六章5節「あなたは心を尽くし、魂を尽くし、力を尽くして、あなたの神、主を愛しなさい」である。そして第二は、『レビ記』一九章18節「自分自身を愛するように隣人を愛しなさい」であって、特に「隣人を愛せ」という律法には、障害や病気に苦しむ人々を放置することを神はお赦しにならないと解釈された。なぜなら、「神の選びの民」という大きなくくりの中に入れられた者は、その属性として障害があろうとなかろうと、大きな問題とはならなかったからである。古代社会においては、生産性の低い人間は切り捨てられる運命にある。だが、ユダヤ民族は、「神の民」という共同体意識によって、弱者救済の理念を構成員の間で共有していたのである。そのこと自体、驚くべきことではないか。

2 新約聖書の障害者

四福音書(マタイ、マルコ、ルカ、ヨハネの四つの福音書)には、一五の障害者の癒しの物語が登場する。このことが、すでに異様なことであるには違いない。古代社会では、障害者を社会から隔離して家族で養う余裕などなく、彼らは神殿の前や大道の片隅で物乞いをし、命をつないだのである。福音書は、そんな人々が大勢いたことをそのまま記している。古代の貧しい社会では、障害者は社会全体で支援するのが当たり前のことであった。だからこそ、イエスの行く先々には、大勢の障害者がいたのである。

そして、障害者の癒しの物語が、福音書にいくども書きつけられていく。なぜ、イエスはこの人たちとかかわりを持とうとされたのか。なぜ、障害者の求めるままに、癒しが起こったのか。

福音書を読めば一目瞭然なのだが、神の国の福音が真っ先に届けられるのは、障害者、病人、貧困者、異邦人、罪人など、この時代の社会でも普通の人たちからは敬遠され、差別されていた人々である。イエスは彼らの中に、あまりに自然に、当たり前のことのように入っていかれる。その姿には、彼らに対する強い親近感と愛情が満ち溢れている。神の国は、まさに彼らのためにあると語るイエスは、この世の権力者、成功者、金持ちなどに対しては歯牙にもかけない冷淡な態度で臨むのである。これは、「革命家イエス」などという説が語られる所以であろう。

イエスが何の躊躇もなく、障害者を同胞として慈しむその姿には、古い律法が告げる隣人愛だけに留まらず、敵をも愛する、大きく、また激しい包み込みの感情がそこにあると、私は思う。これこそ、今日の言葉で言うところの「インクルージョン」である。この強く激しい思いがあるからこそ障害者や病人の癒しが起こり、福音書に驚くほどの数、記されることになったのではないか。

私の教会には、何人もの犯罪からの更生者がいる。彼らは、牧師の語る「あなたの罪は赦された」という言葉をもってキリストを受け入れ、教会の信徒となる。アルコール依存症も数え切れないが、彼らもイエス・キリストの愛に触れて信徒になるのである。

ところで、多くの牧師たちは、ホームレスも犯罪者もアルコール依存症も、個人の自己責任が問われるべき問題であり、彼らを支える必要はないと言い切る。障害者や外国人居住者といった、個人の責任を問いようもない人たちへの差別には反対し、支援もするが、前者は最終的には自己責任ではないかと言う。そうした生き方を選択した結果、犯罪者となり、ホームレスとなるのだから、彼らへの支援は意味がないと言うのである。

しかし、このような差別の序列化は悲しいことではないか。犯罪者もホームレスも、アルコール依存症も自分でそうなりたくてなったわけではない。ほかに選びようもない状況で、ほんの些細なきっかけでそこへ落ち込んだということではないのか。私には、そう思える。格差が拡大し、誰しも他人を顧みる余裕すらない、苛酷さを増すこの時代に、降りたり落ちこぼれたりすることは本人の努力不足であると、すべてを押しつけることが本当にできるのか。

私は、中学生の非行少年を数多く指導してきた。いずれも、ある意味でとんでもないことをする生徒たちである。教護院（現在の自立支援施設）に入れた生徒は四人いる。だが、これは確信をもって言うのだが、根っからの「ワル」など一人もいなかった。みんな、親の愛情に飢えていて、家庭の支えがあればそうはならなかった生徒たちである。

私には、社会の片隅に追いやられ、さまざまな不適応を起こし、問題化してゆく人々に対して、自己責任を言う人たちの気持ちが理解できない。生きること、それ自体が辛い環境にある人たちの苦しさを、彼らは知らない、あるいは目と耳をふさいでいるのだ。

イエスは、一瞬の出会いで、その人がどうしようもなく辛い現実を生きていることを受け止め、その人を抱きかかえようとする。これこそ、イエス物語が語る中心に他ならないが、ここに私は驚くべき愛を感じるのだ。辛さの中を生きる人たちを、日常を生きる世の人々は分けようとする。牧師たちも同じである。

赦されない差別と赦される差別とに分ける。それは、どんな差別も赦されないことを知らないということだ。それは、罪を犯す人の弱さを心底理解していないからであり、人の弱さを思いやることができないということに尽きる。

新約聖書では、まさにそのことが、イエスと祭司やファリサイ派の人々との対決を通して鮮明に浮かび上がってくる。祭司やファリサイ派の人々は当時の社会の支配階級であり、特にファリサイ派は律法を厳格に守る点において、自分たちを社会一般の人々と厳密に分離する者たちであった。一般大衆とは異なって、自分たちだけは特別な人間であるとして分離する。それがファリサイ派であった。自分の側から一線を引き、ここから向こうにいるお前たちとは違うとすることである。それはちょうど、健常者と障害者とを分けるように、境界線の内側から外側を見下す態度である。これを崩したのが、イエスであった。

新約聖書に登場する、イエスと障害者との癒しの出来事をいくつかあげてみよう。

1　視覚障害者

さて、イエスは通りすがりに、生まれつき目の見えない人を見かけられた。弟子たちがイエスに尋ねた。「ラビ、この人が生まれつき目が見えないのは、だれが罪を犯したからですか。本人ですか。それとも、両親ですか」。イエスはお答えになった。「本人が罪を犯したからでも、両親が罪を犯したからでもない。神の業《わざ》がこの人に現れるためである。わたしたちは、わたしをお遣《つか》わしになった方の業を、まだ日のあるうちに行わねばならない。だれも働くことのできない夜が来る。わたしは、世にいる間、世の光である」。こう言ってから、イエスは地面に唾をし、唾で土をこねてその人の目にお塗りになった。そして、「シロアム――『遣わされた者』という意味――の池に行って洗いなさい」と言われた。そこで、彼は行って洗い、目が見えるようになって、帰って来た。近所の人々や、彼が物乞いであったのを前に見ていた人々が、「これは、座って物乞いをしていた人ではないか」と言った。「その人だ」という者もいれば、「いや違う。似ているだけだ」と言う者もいた。本人が、「わたしがそうなのです」と言った。そこで人々が、「では、お前の目はどのようにして開いたのか」と言うと、彼は答えた。「イエスという方が、土をこねてわたしの目に塗り、『シロアムに行って洗いなさい』と言われました。そこで、行って洗ったら、見えるようになったのです」。人々が「その人はどこにいるのか」と言うと、彼は「知りません」と言った。

（『ヨハネ福音書』九章1－12節）

物乞いをしている盲人の前で、イエスの弟子たちは、「この人が生まれつき目が見えないのは、だれが罪を犯したからですか。本人ですか。それとも、両親ですか」と尋ねる。当時の因果応報思想に基づく、過去の罪の結果としての障害という社会通念を前提とした問いである。現世で何らかの苦しみがあれば、それは神の罰として与えられたもので、その原因は本人やその家系にあるとされていたのである。

その質問に対して、イエスはこう答える。「本人が罪を犯したからでも、両親が罪を犯したからでもない。神の業《わざ》がこの人の上に現れるためである」と。つまり、障害を因果応報思想によって捉えることを明確に否定したのである。そうではなく、神の業がこの人の上に現れるためであるとし、そしてその盲人の目を開いた。これは障害を癒したイエスの奇跡物語だが、それを単純に人智を超えた奇跡として受け取ることはできない。

障害者とは、支援を必要とする人々である。この人たちに奇跡を起こすということは、障害者に代表される「支援を必要とする人々」には、限りない神の愛が注がれていることを示すためである。またそれと同時に、すべての人は支援を必要としていること、そしてその支援は直接神からか、あるいは人を通してかの違いはあっても、誰しも例外なく支えられて生きる人間の姿をも表しているのだ。

インクルージョンの観点からすれば、ここで次のことが明らかになる。障害者の癒しは、特別な障害を負った人々だけに限定されるものではないこと、そして自ら健常者の側におのが身を置いた上での障害観に浸っている一般の人々も、何らかの支援を必要とする者であり、それを神が支えているということである。障害者が癒されるなら、すべての人が癒される、と受け止めるべきなのである。障害者を、自分とは関係のないあちら側の人のことと受け止めている人々には、このメッセージは届かない。障害者が癒されることは、とりもなおさずすべての人が癒されるということなのだ。この物語は、これを私たちに伝えているのである。

さらに盲人の癒しは、真の目が開くことをも意味している。有名な讃美歌アメイジング・グレースの歌詞にこのように一節がある。

"I once was lost but now I'm found was blind but now I see."

作詞者ジョン・ニュートンは、かつて奴隷船に乗り、奴隷貿易で富を築いたのだが、黒人奴隷を人間扱いしてこなかったことへの強い改悛の思いと懺悔《ざんげ》から、奴隷貿易を辞めて牧師になった。そしてつくった讃美歌がアメイジング・グレースである。

この詩には、「かつて盲目であったが、今は見える。神の恵みが私の心に恐れることを教え、この恵みが恐れから解放した」とある。

イエスによる盲人の癒しは、人の身体の機能的な回復を意味するだけではなく、神の愛、神への恐れに目を開かせるという働きがある。この神の愛や神への恐れをインクルージョンの観点から見れば、すべての人は神の愛や支えの内に生きていること、それは同時にすべての人は、人の間にあって支えられ愛されて生きていることを示している。神へと目が開かれることは、「私」は自分の力で生きているのではなく、他者の支えの内に生きるものであるのを知るということである。

私はこのように、聖書をインクルージョンの観点から読むことができると考える。否、キリスト教を愛の宗教として見ることよりも、さらに重要なのは、不寛容にして排他的であり、境界線を引いた上でその外側の人々を排除している現在の社会への強い警鐘として、イエスの宗教を捉えることができるということだと考えている。

このように捉えられたキリスト教からすれば、今日の社会はあまりにも反キリスト教的ではないかと見えてくる。キリスト教を信じる人々の集団や国家が、枠や基準を設定し、他者や他国を排除する姿には、アンチ・キリストの姿勢しか見てとれない。いま一度、他者を赦し、一歩下がって相手を受け入れ、同胞として迎えることは、そしてそこに立ち戻り、ここから始まることに期待することはできないのだろうか。

現在のキリスト教に対して、絶望している人々は多い。だが、イエスは私たちに語りかける。「しかし、人の子が来るとき、果たして地上に信仰を見いだすだろうか」（『ルカ福音書』一八章8節）と。イエスは弟子たちに絶えず神に祈り、神を求め続けよという。しかし、神の再臨の時まで人の間に信仰があるだろうかとの教説は、イエスの教えに従うことの困難さと、それでもなおそこに固執して生きることの大切さとを示している。今日の社会は、イエスの教えから遠く離れ去っている。もう一度、イエスの教えに戻ること、それが示しているインクルージョンの理念に立つことが、世界の混乱を解決へと導く道ではないかと考えるのである。

インクルージョンは、境界線を引かない。内側の同志をつくらない。たがいに過去を赦し合う。同じ人間であるとし、誰をも仲間として糾弾しない。誰しも仲間に入れ込んでいく。平和をつくり出す。

2　聴覚障害者

それからまた、イエスはティルスの地方を去り、シドンを経てデカポリス地方を通り抜け、ガリラヤ湖へやって来られた。人々は耳が聞こえず舌の回らない人を連れて来て、その上に手を置いてくださるようにと願った。そこで、イエスはこの人だけを群衆の中から連れ出し、指をその両耳に差し入れ、それから唾をつけてその舌に触れられた。そして、天を仰いで深く息をつき、その人に向かって、「エッファタ」と言われた。これは「開け」という意味である。すると、たちまち耳が開き、舌のもつれが解け、はっきり話すことができるようになった。イエスは人々に、だれにもこのことを話してはいけない、と口止めをされた。しかし、イエスが口止めをされればされるほど、人々はかえってますます言い広めた。そして、すっかり驚いて言った。「この方のなさったことはすべて、すばらしい。耳の聞こえない人を聞こえるようにし、口の利けない人を話せるようにしてくださる」。

（『マルコ福音書』七章31－37節）

ここに登場する「耳が聞こえず舌の回らない人」の記事は、その前にある「シリア・フェニキアの女」（『マルコ福音書』七章24－30節）の挿話と関連している。むしろ、二つの記事は同じ目的のために書かれている。それは、神の究極的な、栄光に満ちた目的を示すという点においてである。また、それは最もふさわしくないように見えるところで、最もふさわしくないように思われる人に対してということにおいて。

「シリア・フェニキアの女」について、概要を記す。イエスはある地方に行き、そこで汚《けが》れた霊に取りつかれた幼い娘を持つ女と出会う。彼女はギリシャ人で、シリア・フェニキアの生まれであったが、娘から悪霊を追い出してほしいとイエスに願い出る。それに対してイエスは、「子供たちのパンを取って、子犬にやってはいけない」と答える。すると女は、「主よ、しかし、食卓の下の子犬も、子供のパン屑はいただきます」と答えた。その女の信仰を見て取ったイエスは、「悪霊はあなたの娘からもう出てしまった」と言う。

女は異邦人である。フェニキアのティルス地方を舞台としているので、女がユダヤ人でないことは明らかだが、物語は女自らに異邦人であると告げさせている。この物語の趣旨は、異邦人伝道にある。本来、ユダヤ人に示された神の救いの業は、異邦人にまで拡大されること示しているのである。イエスの神の国の福音は、本来ユダヤ人を対象としてはいるが、その恵みはこぼれ落ちて異邦人にまで達すると記事は伝える。

異邦人の救いに続いて登場するのが、「耳が聞こえず舌の回らない人」の記事である。イエスのもとに人々は一人の男を連れてくる。彼の上に手を置いてほしいと願う。手を置くとは、その人の頭に手を置いて神に祈ることである。人々は彼の障害が癒されることを願った。

ここに登場する男の障害、「モギラロン」は、ギリシャ語聖書には二度しか出てこない。この言葉は、厳密に言うと男の話し方が不明瞭であるという意味だが、いわゆる「聾唖者」という表現とは異なる。聾唖者は耳が聞こえず話すことができない人であり、この男は現在の障害用語では「難聴」の部類に属する者であろう（L・ウィリアムソン『マルコによる福音書』現代聖書注解、山口雅弘訳、日本基督教団出版局、一九八七年、二二五頁）。

「シリア・フェニキアの女」と「デカポリスの耳が聞こえず舌の回わらない人」の二つの物語は、異なった内容ではあるが、その目的とするところは同じである。この物語の前に置かれた1－23節に記されているのは、浄・不浄に関する論争、汚《けが》れと清めをめぐる記事である。「汚れたもの」とは何かが告げられるその延長上に、異邦人と障害者とが登場する。両者共にユダヤ教では、神の救いから離れた者であった。ファリサイ派や律法学者たちのそうした理解に対して、イエスはそうではないのだということを、障害の癒しによって明らかにしたのである。

注解書の多くは、イエスの障害や病人の癒し、さらに異邦人の招きを、神の国がいまここに存在する証しであることを示すものとして理解している。神の臨在をイエスの特別な力の中に見ることが、神の国の到来を意味すると、読み解くのである。

だが、神の国の福音を宣べ伝えるイエス・キリストの癒しの業という超人的な力、それこそが神の栄光の徴《しるし》として強調されていると、私は理解する。そして、ここではむしろ異邦人や障害者というユダヤ教社会にあって片隅に追いやられている人々を、神の国の福音の真正面に立たせたイエスの「インクルーシブな行為」それ自体に、焦点を当てるべきものではないかと、私は考えるのである。

3 身体障害者

ペトロとヨハネが、午後三時の祈りの時に神殿に上って行った。すると、生まれながら足の不自由な男が運ばれて来た。神殿の境内に入る人に施しを乞うため、毎日「美しい門」という神殿の門のそばに置いてもらっていたのである。彼はペトロとヨハネが境内に入ろうとするのを見て、施しを乞うた。ペトロはヨハネと一緒に彼をじっと見て、「わたしたちを見なさい」と言った。その男が、何かもらえると思って二人を見つめていると、ペトロは言った。「わたしには金や銀はないが、持っているものをあげよう。ナザレの人イエス・キリストの名によって立ち上がり、歩きなさい」。そして、右手を取って彼を立ち上がらせた。すると、たちまち、その男は足やくるぶしがしっかりして、躍り上がって立ち、歩きだした。そして、歩き回ったり躍ったりして神を賛美し、二人と一緒に境内に入って行った。民衆は皆、彼が歩き回り、神を賛美しているのを見た。彼らは、それが神殿の「美しい門」のそばに座って施しを乞うていた者だと気づき、その身に起こったことに我を忘れるほど驚いた。

（『使徒言行録』三章1－10節）

ルカは、イエスによる奇跡を二重の意味で受け止め、理解している。第一は、奇跡はイエスの力を証明し、信仰を起こす力を持っていること、そして第二は、奇跡は信仰に対して与えられることである。だが、奇跡の徴が単なる好奇心から求められる場合には拒絶している。奇跡がなされるためには、信仰が必要であり、同時に奇跡そのものが信仰を呼び起こす手段にもなっている。この傾向は、『使徒言行録』にも引き継がれているが、ただしここでは、復活が中心に位置していて、他の奇跡行為は二次的な意味づけしか与えられていない。ルカは、キリストの奇跡を、この世の魔術と切り離すことに、意を用い、心を砕いている。

さて、右の聖書の箇所に登場する「生まれながら足の不自由な男」とは、直訳すれば、「母の胎から、足の悪かった男」の意であり、胎（κοιλια）はギリシャ語の医学用語では「消化器官」に当たる。すなわちこの語は、先天的な障害を直裁に伝えるものと理解されるのである。

生まれながら足の利きかない男は、毎日神殿の「美しい門」にまで背負われてきて、そこに投げ出されていた。彼は、物乞いとして神殿詣でをする人々の憐れみを請うていたのである。この男が、祈りのために神殿に入ろうとするペトロとヨハネを見て、施しを乞う。

ペトロたちは、出会った男に向かって、「わたしたちを見なさい」と言う。ペトロを見ることは、彼が指し示すキリストを見ることとなのだ。男は何かをもらえるのだろうと期待して、二人に眼差しを注いだ。ペトロたちは、金銀はないが、自分たちが持っているものをあげようと言って、「イエス・キリストの名によって立ち上がり、歩きなさい」と言う。すると男は癒され、躍り上がって立ち、歩き回って、神を讃美し始めた。

この箇所の神学的釈義としては、「イエスの名による解放」と位置づけられる。すなわち、人間を抑えつけ、虜《とりこ》にするさまざまな要因とは、人間が主体的に生きることを拒み、阻害するものであり、そのようなもろもろのしがらみから解放して、人間を神に向けさせた出来事として捉えるのである。「生まれつきの足の障害」は、神に向かうべき人間の目を、地上の不幸の虜にしている要因に他ならないという理解がここにある。「盲」と同様に、神への道を阻害する要因として、肢体不自由は理解されている。

この癒された男は、真っ直ぐに仲間のもとに帰ったのではなく、二人と一緒に神殿に上がり、そこで神への感謝を捧げ、讃美をした。聖書には後日談がある。ペトロは神殿で説教をする。その内容は、ユダヤ民族が長く待ち望んだメシア（救い主）はイエスであり、彼こそ民族を救済する者だというものであった。それを聞いたユダヤ社会の支配者たちが、ペトロとヨハネを捕らえて、議会で取り調べを行う。ペトロは、イエス以外の誰によっても救いが得られないことを説いた。支配者たちは、ペトロと一緒にいる人が、かつて自分たちが見ていた足の不自由な者であり、イエスの名によって癒されたのを見て、一言も言い返せなかった。彼すなわち障害者が、ペトロたちを窮地から救い出したのである。かつての肢体不自由者は癒されて、人々の前で「イエスの証人」となっている。

この物語でルカは、神殿の傍らで打ち捨てられていた肢体不自由者を、イエスの証人として立てられた者、ペトロの宣教の前進に貢献した者として描いている。盲人と同様、神はこの世の有力者、支配者、知恵者ではなく、富も知恵も身体の健康も失われた者を用いる。

家を建てる者の退けた石が
隅《すみ》の親石《おやいし》となった。
これは主の御業《みわざ》
わたしたちの目には驚くべきこと。
(『詩篇』一一八篇22－23節)

この場面は、復活信仰に固く立つルカにとっては、「イエスの再臨」に直結している。ルカにとってイエスは、死者から復活した救い主であり、裁きの主として地上に再臨するという確信があった。

足の利かない男が、救われて神殿の中を歩き回り、主を讃美する姿を見た人々は、「驚き怪しんだ」と記している。だが、これは救い主の再臨の預言なのである（日本基督教団出版局編『説教者のための聖書講解――釈義から説教へ 使徒行伝』日本基督教団出版局、一九八二年、四八頁）。

そのとき、見えない人の目が開き
聞こえない人の耳が開く。
そのとき、歩けなかった人が鹿のように躍り上がる。
口の利けなかった人が喜び歌う。
（『イザヤ書』三五章5–6節）

4 精神障害者

一行は、ガリラヤの向こう岸にあるゲラサ人の地方に着いた。イエスが陸に上がられると、この町の者で、悪霊に取りつかれている男がやって来た。この男は長い間、衣服を身に着けず、家に住まないで墓場を住まいとしていた。イエスを見ると、わめきながらひれ伏し、大声で言った。「いと高き神の子イエス、かまわないでくれ。頼むから苦しめないでほしい」。イエスが、汚れた霊に男から出るように命じられたからである。この人は何回も汚れた霊に取りつかれたので、鎖でつながれ、足枷をはめられて監視されていたが、それを引きちぎっては、悪霊によって荒れ野へと駆り立てられていた。イエスが「名は何というか」とお尋ねになると、「レギオン」と言った。たくさんの悪霊がこの男に入っていたからである。そして悪霊どもは、底なしの淵へ行けという命令を自分たちに出さないようにと、イエスに願った。
ところで、その辺りの山で、たくさんの豚の群れがえさをあさっていた。悪霊どもが豚の中に入る許しを願うと、イエスはお許しになった。悪霊どもはその人から出て、豚の中に入った。すると、豚の群れは崖を下って湖になだれ込み、おぼれ死んだ。この出来事を見た豚飼いたちは逃げ出し、町や村にこのことを知らせた。そこで、人々はその出来事を見ようとしてやって来た。彼らはイエスのところに来ると、悪霊どもを追い出してもらった人が、服を着、正気になってイエスの足もとに座っているのを見て、恐ろしくなった。成り行きを見ていた人たちは、悪霊に取りつかれていた人の救われた次第を人々に知らせた。そこで、ゲラサ地方の人々は皆、自分たちのところから出て行ってもらいたいと、イエスに願った。彼らはすっかり恐れに取りつかれていたのである。そこで、イエスは舟に乗って帰ろうとされた。悪霊どもを追い出してもらった人が、お供したいとしきりに願ったが、イエスはこう言ってお帰しになった。「自分の家に帰りなさい。そして、神があなたになさったことをことごとく話して聞かせなさい」。その人は立ち去り、イエスが自分にしてくださったことをことごとく町中に言い広めた。

（『ルカ福音書』八章26－39節）

この物語には、当時のヘレニズム時代の悪魔払いに共通する要素が多く見られる。一、悪霊との出会い、二、悪霊に憑《つ》かれた男の危険な兆候、三、呪術者に対する悪霊の防御、四、呪術、五、悪霊が退去する様子、六、治療、七、見た人々の反応、である（荒井献『イエス・キリスト』下、講談社学術文庫、二〇〇一年、一七六頁）。

当時の精神障害者の置かれていた悲惨な状況が記されている。彼らは、町や家から強制的に隔離され、墓場を住まいとせざるを得ない状況に追い込まれている。墓場から町に戻ろうとしても取り押さえられ、改めて墓場に放置されるなどのことが何度もあったと推測される。何らかの事件を起こして、鎖や足枷に縛りつけられるようになったのだろう。「悪霊につかれた者」は、「汚れた者」として宗教的・社会的差別の対象となっていた。

イエスが何者かという噂は、ここに登場する障害者の耳に届いていたのであろう。彼にとって、イエスは最後の希望であったに違いない。そのイエスが近づいてきた。遠くからそれを見つけると、一目散に駆けてきて、大声で叫んだ。懸命さが伝わってくる。病気のゆえに隔離され、差別され、排除され、人間として見てもらえない悲惨な状態から抜け出したいという強い思いがほとばしっている。閉じ込められた墓場から抜け出し、衆人の目に曝されることも厭わない、彼の窮状が思われる。

彼の中の悪霊が大声で叫ぶ。「神の子よ、私たちにかまわないでくれ」と。イエスは悪霊に向かって、「汚れた霊、この人から出て行け」と一喝すると、悪霊は豚の中に乗り移り、豚の群れは暴走して湖になだれ込んでおぼれ死んだ。

「豚の群れ」からは次のことが読み取れる。「ゲラサ地方」とはガリラヤ湖の東南六〇キロメートルに位置する異邦人の町であった。ユダヤ人には豚を飼う習慣はない。ここに住むのは異邦人、すなわちユダヤ人ではない。ユダヤ教徒から見れば、それだけで彼らは「汚れた人々」であった。「汚れた人」の中でも「悪霊につかれた人」は、二重の意味で、ユダヤ人にしてみれば排除の対象となるべき者である。悪霊が、異邦人の象徴であり、ユダヤ人にとって最も不浄の動物であった「豚」に結びついたのだろうが、そこには民衆の中に深く根を張っていた反ローマ帝国の思いも働いていた。

悪霊の名は、「レギオン」であった。「レギオン」は当時のローマ帝国軍団の正式名称である。一レギオンは六〇〇〇人の重装備兵士で構成される。男に取りついた悪霊が「レギオン」という名称であったことは、当時のユダヤ人社会における「反ローマ帝国」の風潮を示すだけではなく、イエスがレギオンを追放したことは、ローマ帝国の追放、その支配からの脱却を望み見るものであったこともうかがえる。ローマ帝国の植民地支配下にあったユダヤ人には、専横な支配者に対する強い反発が渦巻いていた。

「悪霊つき」と「強権的抑圧」と「植民地支配」は、密接な関係にあると瀧澤武人は述べる。ここに登場する「悪霊つきの男」は、少なくとも「レギオン」や「ローマ帝国による戦争」に何らかのかかわりのある人物と想定される。そのような体験が、彼を重度の精神障害にした原因であるのかもしれない。そのようにして、いつしか彼に取りついた悪霊を「レギオン」と呼ぶようになったと考えられるのである（滝澤武人『イエスの現場――苦しみの共有』世界思想社、二〇〇六年、九七頁）。

物語の結末では、悪霊から解放された男による、イエスに従って行きたいとの申し出をイエスは退け、彼を自分の住む町に帰らせ、癒しの業を地方全体に言い広めさせる。

先の癒しの二例、盲人と肢体不自由者は、癒された後、イエス（ペトロ）の弟子として宣教の役割を果たすことになるが、この「悪霊つき」の物語では、癒された後に、隔離されていた場所から、元いた場所へと復帰する。ここがポイントになっている。ゲラサのあるデカポリス地方での、イエスの宣教を担ったのは、「弟子たち」ではなく、かつては社会全体から排除されて墓場に住むしかなかった重度の精神障害者の男であった。イエスはこのような人を選び、神の御業のために用いたのである（H－G・シュミット編『われ弱き時に強し――聖書の中の障害者』畑祐喜訳、新教出版社、一九八二年、二四一頁）。

「自分の家に帰りなさい」というイエスの言葉は、社会から隔離され、打ち捨てられていた墓からの、家への帰還、社会共同体への復帰を意味している。孤立し、孤独で無支援の人が、人間へと回復していく。この物語が語るのは、インクルージョンの働きそのものである。インクルージョンが示すのは、場への復帰だけでなく、関係性への復帰でもある。「悪霊つきの男」の物語は、イエスの癒しの行き着くところが、人間性の回復、すなわち人間になることであり、そしてそれはとりもなおさず、家への、共同体への、関係性への帰還でもあることを示しているのである。

新しい社会観・人間観である「インクルージョン」の視点から、聖書の中の障害者を見てきた。旧約聖書と新約聖書には、障害に対する理解に差異があるが、神とのかかわりなしに何人も生きることはできないという点では、なんら変わりはない。障害者、病人、貧しい者に対する神の支えは、すべての人の生存の保持がある意味で困難であった古代社会を背景としても、明確に示されている。

新約聖書においては、神の国における究極的な完全性が示され、その光に照らされて障害者の存在が浮かび上がってくる。パウロが簡潔に表現したように、「朽ちるものが朽ちないもの」を着るようになることで、神の前に完全なものになることをキリスト者は知っている。死に対するキリストの勝利、すなわち復活を前提とするならば、いまある私たち人間はすべて障害者であると言える。なぜなら、人間はすべて死の衣を身にまとっているからである。

「すべての人が障害者」であることは、今日のインクルージョン理念の中核だが、このことがすでにキリスト教神学の中に位置づけられていることを知ることができる。神の救いの前に、人は健常者も障害者もない。終末の時には、すべての人が新しくされる。そこに至るまでに人を障害・非障害と分けること自体、なんの意味もない。イエスは福音書において、障害者とのかかわりや癒しを通してそのことを示しているのである。

もう一点、強調しておきたいことは、信仰の「われら性」についてである。信仰とは信じる者の共同体において生きることである。一人で神の前に立つことの重要性を、セーレン・キルケゴールらの実存主義者は主張したが、神の前に立つとは、信じる者の群れとして立つことである。兄弟姉妹としての共同体の一員として生きること、それは教会の信徒として生きることだが、そこにはお互いが助け合い、支え合う姿がある。世の終わりの時に、苦しむ者と健康な者との区別がなくなる時に、この世で健康であった者は問われるであろう。

「あなたは、キリストにある兄弟姉妹の苦しみを取り除くために何をしてきただろうか」と。そして、この世で苦しむ人々のために、また共生社会のために何をして生きてきたのか、と。

第五章　悪とは何か、障害とは禍か

1　なぜ悪が存在するのか

この世界には「悪」と呼ばれるものがある。なぜ、人間を苦しめる「悪」が存在するのか。悪の定義は人によってそれぞれであるが、戦争や飢饉、老いや病気、そして人による理不尽な悪が世にはびこること、また多くの犠牲者を生じる自然災害なども「悪」と考えられている。それらはなぜ存在するのかという問いは、神を信じるものにとっては究極の問いとなる。なぜなら、「悪」は、神を信じる者の上にも等しく襲ってくるからである。神を信じる信仰者は、特別に守られていると信じている。だが、信じる者、信じない者の区別なく、「悪」はすべての人に牙を剝くのである。

「悪」と呼ばれるものの中に、「障害」を含めて考えることは妥当なことか。もし、障害を「悪」と捉えるなら、それは「悪しきもの」となる。だが、障害を「悪」と考えること自体が、大きな間違いなのである。障害を悪と考えること、それはつまり障害を「あってはならないもの」と捉えることであり、そこでは常にマイナス符号を付して障害を考えることが前提になっている。すでに述べてきたように、今日の障害観では障害をマイナスとは考えない。むしろ、障害の観点から社会のあり方を探り、共生社会の実現を目指す原点と考えられるようになってきている。障害が人と人とを結びつける「ソーシャル・ボンド」（社会的絆）の役割を持つことの重要性も指摘されている。

とはいえ、現在の社会でも障害者への偏見、差別、排除は続いており、むしろ分断と排除が広がる社会的風潮の中で、障害者はいっそう暮らしにくくなってきている。

私はここで、あえて「悪」の問題として障害を捉えることにより、障害とは何かを考えてみたいと思う。同時に、障害の一点から、「悪」全体の問題を考えてみたいと思う。

キリスト教神学では、「悪」の問題を「神義論」という名称で扱っている。神義論という場で、障害の問題を掘り下げてみたいのである。

さて、日本の神社ではお守りやお札が売られている。何種類ものお守りを身につける人もあり、車のミラーに吊されているのを見かけもするが、それによって自分だけは特別に守られていると考えているのだろうか。日本人の宗教意識は、外国人の宗教意識に比べて、日常生活に根づいているとは考えにくい。また、病気や老い、死に対しては、自然の成り行きという、いわば諦観があり、例えば災害にあって家族が亡くなった場合でも、家の宗教の神や仏を恨むということはあまりない。

また、欧米社会ではキリスト教が衰退し、キリスト教の終焉の時代と言われ、礼拝への出席者が激減し、この状況が続けば一〇〇年後には、教会は歴史的遺産として登録されるとも言う。

欧米人のキリスト教離れには、豊かな社会となり、物の満ち溢れた社会にあって、聖書に示される古代の社会的状況とは一変した環境のもとに、これまでとはまるで異なった価値観の支配する世界が実現したこと、科学的・合理的な精神が謳歌される時代になったこと、キリスト教を古代の迷信と地続きのもののように捉える人たちが多くなってきたこと、などの要因が考えられよう。

私の勤める大学の同僚にカナダ人がいるが、牧師として私が毎週日曜日に教会で礼拝をしていることを知り、怪訝な顔つきを見せる。なぜ東洋人のあなたが、科学的思考からは迷信でしかないキリスト教を信じるのか、と。

しかし、昨今のキリスト教離れをもたらしているものは、時代状況の変化だけではない。神が存在するのに、なぜ途方もない悪が人間を苦しめるのか。この問いへ合理的な回答が教会にはない、ということも大きな一因であろう。むしろこのようにも理不尽な世界にあっては、神の存在ではなく、神の不在が示されているのではないかと考えられるのである。

一神教の神を信じる者にとって、神と自己との関係性はきわめて濃厚で、強いものであり、そこでは当然、信じる者がなぜ苦しむのかという問いは、かつても、いまも大きなテーマであり続けている。絶対者、万能の神がいて、しかもその神は「愛の神」であるのに、なぜ「悪」が存在し、人々を苦しめるのか。

神は良きものとしてすべてを造られた、と旧約聖書に記されている。それなのにどうしてこの世に悪が存在するのか。信じる者を、なぜかくも悲惨な出来事が襲うのか。

このことは「神義論」というテーマのもとで、哲学や神学の分野において長い間絶えることなく論じられてきた。あるいは、文学の領域で、悪の問題を浮き彫りにした作品も多い。通常、神義論は、悪や苦悩の存在をそのままにしている神の正義を、人間の側から立証する試みである。したがって、そこに答えはない。

神義論が論じられる際に、よく引用されるE・ヴィーゼルの『夜』を最初に取り上げてみよう。描かれたアウシュヴィッツでの処刑の描写には、神への問いが前面に出てくる。

三人の死刑囚は、いちどきにそれぞれの椅子に乗った。三人の首は同時に絞索の輪に 入れられた。「自由万歳!」と、二人の大人は叫んだ。

「〈神さま〉はどこだ、どこにおられるのだ」。私のうしろでだれかが尋ねた。

収容所長の合図のもと、三つの椅子が倒された。

全収容所内が完全に鎮まり返った。地平線には、太陽が沈みかけていた。

「脱帽！」と、収容所長がどなった。その声は嗄れていた。私たちはというと涙を流していた。

「着帽！」

ついで行進が始まった。二人の大人はもう生きてはいなかった。膨れあがり、青みがかかって、彼らの舌は垂れていた。しかし、三番目の綱はじっとしていなかった。男の子はごく軽いのでまだ生きていた。

三十分あまりというもの、彼は私たちの目のもとで臨死の苦しみを続けながら、そのようにして生と死のあいだで闘っていた。そして私たちは、彼をまっこうから見つめねばならなかった。私が彼のまえを通ったとき、彼はまだ生きていた。彼の舌はまだ赤く、彼の目はまだ生気が消えなかった。

私のうしろで、さっきと同じ男が尋ねるのが聞こえた。

「いったい、〈神〉はどこにおられるのだ」

そして私は、私の心のなかで、だれかの声がその男に答えているのを感じた。

「どこだって？　ここにおられる。ここに、この絞首台に吊されておられる……」

その晩、スープは死体の味がした。


（E・ヴィーゼル『夜』村上光彦訳、みすず書房、一九六七年、一二七—一二八頁）

わずか一二歳の少年が、発電所の爆破の犯人と見立てられて処刑された。絞首刑に処せられたものの、軽量のゆえに即死とはならず、長く死の苦しみを味わうことになる。見せしめのために収容者全員の前で行われたその場面を、人々は見つめる。「神はどこにいるのか」、「神は憐れな子どもを助けないのか」。そんな思いが人々の胸を強く打つ。

そこでは、神は本当にいるのか、いるのであればなぜ助けないのか、いやこのようなすさまじい悪が起こること自体、神の不在の証明ではないのか、との考えに至ることも不自然ではない。義なる神は存在するのか、それが神義論のテーマとなるのである。

次に、安利淑《アンイスク》著『たといそうでなくても』を紹介する。第二次大戦下、朝鮮人キリスト者は日本人の官憲によって厳しい弾圧を受けた。天皇を「現人神《あらひとがみ》」と呼んだ時代に、日本神社への強制的な参拝があり、教会の聖壇に神棚を置いて、キリスト者を最敬礼させるために刑事を教会に配置した。そんな状況の中で著者は、公然と天皇制や国家神道への抵抗の姿勢をみせる。やがて官憲の弾圧の対象となり、捕縛の手を逃れて転々とする運命をたどる。しかし、遂に捕らえられた彼女は平壌刑務所の獄につながれ、六年間監禁され、ついには死刑宣告を受ける。だが、日本の敗戦によって一九四五年八月一五日に出獄した。この書は、戦時下に抵抗を貫いて生きた安さんの体験談である。

同時期、日本のキリスト者の中にも、神信仰ゆえに国家への抵抗を示し、そのために獄死する牧師や信徒がいた。だが、朝鮮人キリスト教界では、民族差別が蔓延している社会状況のもと、その弾圧は言語を絶するものであった。

以下に引用する箇所は、朝鮮人牧師の拷問を回顧した一節である。厳しい拷問から一時的に解放された牧師が語る。


李牧師の顔は紙のように白い。背の高い彼の体軀はやせきって、みじめに見えた。彼の受けた拷問の話は聞いている人たちの心を恐怖と、くやしさと、苦しさにおとし入れた。人々は息もせず、一言も聞き落とすまいと、一生懸命に聞き入っていた。一番後ろの隅に座っている私は、話している李牧師の声を聞きながら、恐ろしさに身の毛がよだってきた。私が一番知りたかった質問がとんで出た。だれか知らないが彼も殉教を目的としているらしい口調で問うた。

「それほどの恐ろしい拷問の時、奇跡は現れなかったのでしょうか?」

李牧師は口をつぐんだまま、しばらく目を閉じた。しいーんと静まった聖徒たちは、牧師の答えを待った。やがて彼は弱々しい声で静かに言い出しました。

「私にはなんの奇跡も起こりませんでした。じつは私もそれを期待していたのです。この悪魔のように恐ろしいむちが、肉に入り込み、骨がちぎれるまで打ちなぐられている私を救ってくださる奇跡が、起こることを待っていたのです。けれど、そんなものはありませんでした。あまりの痛さと、苦しさに、私は生きていることを呪うところでした。なぜこのいのちは止まらないのか、それが一番理解できなかったのです。
主は私を見捨てられたのであろうかと、死なないのが恨めしかったです。
（安利淑『たといそうでなくても』待晨社、一九七二年、六九—七〇頁）

著者は、このような朝鮮人キリスト者への容赦のない弾圧を、ネロ皇帝時代のキリスト者迫害と対比させ、当時の初代キリスト者の殉教の際に、神の救いを待ち望みながら死に赴いたことに思いを馳せる。

この物語は、自身の戦時下の体験をベースにおいているが、その弾圧と迫害の経験には旧約聖書『ダニエル書』の主題が重ねられている。

『ダニエル書』はこう語る——バビロン王ネブカドネツァルは、捕囚の民となったユダヤ人の中から、才能のある若者を選び、宮廷に仕えさせようとした。選抜にあたってネブカドネツァル王は、金の像をつくり、その像にひれ伏して拝むように命じ、そうしない者は燃え盛る炉に投げ込むことにした。しかし、ユダヤ人の三人の若者はそれに従わず、その結果、炉に投げ込まれることになった。彼らは、王の前で次のように言い放った。

わたしたちのお仕えする神は、その燃え盛る炉や王様の手からわたしたちを救うことができますし、必ず救ってくださいます。そうでなくとも、御承知ください。わたしたちは王様の神々に仕えることも、お建てになった金の像を拝むことも、決していたしません。
（『ダニエル書』三章17－18節）

三人は、燃え盛る火の中でも、なんら損なわれることがなかったが、その若者の一人ダニエルは、その後も陥れようとする者たちによって、獅子の洞窟に投げ込まれる。そこでもまた何の危害も受けずに洞窟から出てくる。そうした物語が続く。

『たといそうでなくても』は、真実の神を信じる者は、神によって守られるという逸話として、主題においても構成においても『ダニエル書』の枠組みが使われている。激しい弾圧の中で、日本社会の偶像礼拝と闘いながら、神の守りを信じた朝鮮人キリスト者の苦悩が語られているのである。殉教の死をも願う、彼らの信仰とは何か。それは迫害に耐え、獅子に喰われて殉教した初代キリスト者の心情と重なり合うものであろう。わが身が滅ぼされようとも神を信じる、これが意味するものとは何だろう。それは、神義論としての問い、神が創造した世界に、なぜ悪が存在するのかという問への一つの回答たりうるのだろうか。

なぜ、神に逆らう者が生き永らえ
年を重ねてなお、力を増し加えるのか。……
神に逆らう者の灯が消され、災いが襲い

神が怒って破滅を下したことが何度あろうか。
（『ヨブ記』二一章7、17節）

神よ、わたしはあなたに向かって叫んでいるのに
あなたはお答えにならない。
御前《みまえ》に立っているのに
あなたはご覧にならない。
あなたは冷酷になり
御手の力をもってわたしに怒りを表される。
（『ヨブ記』三〇章20－21節）

D・ボンヘッファーはその獄中書簡において、死にゆくキリストの孤独という光の中で、神の不在という近代特有の経験を神学的に解釈しようとしたとケルトナーは理解している（U・H・J・ケルトナー『この苦しみはいつまで？――悪と死についての神学的考察』相賀昇訳、教文館、二〇〇四年、六二頁）。

「次のことを経験することなしに、誠実であることはできない。すなわちわれわれは――まるで神が存在しないかのように――この世に生きなければならないという認識である。そしてわれわれはまさにそのことを――神の前で――認識する。……神は、われわれを神なしに

人生を克服できるものとして生きなければならないことを、われわれに知らせる。われわれと共にある神は、われわれを見捨てる神である！……神の前で、神と共に、われわれは神なしに生きる」。

（同書、六三頁）

神の絶対性や神の摂理と、この世における悪の存在の問題とは、古くから神義論として、さまざまなかたちで論議されてきた。神が世界を創造し、創造を良きものとした被造物の世界に（『創世記』一章）、なぜ悪が存在するのか。この問題は、大別するならおおよそ二つの仕方で考えられてきた。一つは、神の絶対性を是認しないことによってのみ、悪の存在を説明しうるという方向、二つ目は、神は絶対であるがゆえに、この世に悪は存在せず、むしろ悪が存在するかのように認識する、われわれ人間の側に根本的な問題があるとする立場に立つ方向、この二つの流れである。

神学史的に見るならば、教父時代には護教的意図のもとに、「非存在としての悪」という考え方に拠り、「なぜ悪が存在するのか」という問いを、つまり他方の問いを切り捨てるという仕方で理解されてきた。これは、教父たちにとっての当面の敵であった、マニ教も含むグノーシス主義の二元論的思考への対抗であり、負の意味での影響によるものである。

そして一六世紀、宗教改革者ルターによって、神を正当化しようとするいかなる神義論の試みも不可能な企てであるとして否定される。人間が神の義を問うのではなく、神によって人間の義が問われていることが重要であり、たとえ神の義が理性に反することであろうとも、信仰においてこそ隠された真実は求められなければならないと説かれたのである。

だが、このようなルターによる神義論の否定は、その後の近代合理主義的精神において再び論議の対象とされるようになる。例えば、ライプニッツにおいては、この世は「全き善」であり、悪は善になる可能性を持つものであって、単に善を引き立たせるものに過ぎないとされる。こうして、神の絶対性を擁護しようとする哲学者も現れたのである。

この問題を論じる前に、私自身がなぜ神義論に関心を抱くようになったのかに触れておきたい。

私は悩む、それゆえに私はある。これはデカルトの「我思う、故に我あり」よりも正確でありまた深い。悩みは人格そのものの実存と、また人格意識の実存と結びついている。

（N・ベルジャーエフ『神と人間の実存的弁証法』著作集第六巻、小池辰雄訳、白水社、一九六六年、八六頁）

ロシアの宗教哲学者N・ベルジャーエフの言葉である。私は学生時代に多くの哲学書や宗教に関する本を読んだが、一時期ベルジャーエフにのめり込んだことがある。学生時代は学園紛争のさ中にあり、私も全共闘世代と言われた団塊の世代の一人であった。ベトナム反戦運動に象徴される、既存の支配体制と社会秩序に問いを突きつける反抗の気分が根底にあり、若者たちの多くが社会のあり方を模索し、同時に自身の生き方を根本から問い直すことが求められる時代であった。私の入学した大学では、授業料の値上げ反対の学生デモをきっかけとして授業放棄が行われ、入学式も卒業式もなく、一、二年次はほとんど大学で授業を受けることがなかった。

世界的な大戦からの戦後復興の達成と、大量殺戮の生々しい記憶との狭間で、「不安定な時代」と表現される漠然とした不安や、社会の曲がり角にあるという一種終末的・危機的な時代精神のゆえか、実存主義がブームであった。ニーチェ、キルケゴール、サルトル、ハイデッガー、ヤスパースといった著名な哲学者の本が本屋の店頭に並べられ、意味の読み取れないところがほとんどであったにもかかわらず、私もそうした哲学書を読みあさった。実存主義を疑うことも、他の思想と比較することもなかった。私たちの世代の多くの者が、大なり小なり「実存主義の申し子」になっていたと言っていいだろう。私はベルジャーエフやキルケゴールと出会い、実存主義の洗礼を受けて、実存主義哲学を心の底から崇めるようになっていた。そして、それらの哲学を介してキリスト教会に通うようになり、信仰者として生きるようになっていった。

しかし後年、苦しみ悩む人々の中で長く生きてきて、実存主義哲学には多くの問題があることに気づかされた。それは、実存主義が一部のエリート階層の人々の間でしか通用しないものではないかということ、また徹底した個人主義を基盤として、連帯を否定し、支え合う人間像を無視したものとなっているのではないかということである。そして、そうした思想傾向は、現在のキリスト教の根底にも入り込み、その基盤をつくったものと言えるのではないかと考えるようになった。

人は、一人で神に対峙するべきである。この考え方から出発することが、個人主義的なキリスト教の世界をつくり上げた。そしてそれは、苦しむ人々と共に生きる教会から遠く離れた、社会的富裕層の、言ってみればこの世のエリートの宗教になっていく要因になったのではないか。これが日本においてキリスト教が国民的宗教にならなかった最大の理由ではないかと考えるようになったのである。

神学校での私の卒業論文のテーマは、『神義論の一考察――N・ベルジャーエフの'Ungrund'とK・バルトの'Das Nichtige'をめぐって』であった。学生時代に夢中になったベルジャーエフの哲学と、その後学び始めたカール・バルトの弁証法神学とを対比しながら、神義論というテーマにおける両者の思惟の違いを明らかにしようとするものであった。四〇年前に書いたこの論文はその後手直しして、拙著『インクルーシブ神学への道――開かれた教会のために』（新教出版社、二〇一六年）にコンパクトにまとめてある。これは観念的な神義論のテーマをずっと追い続けた若い頃の私に対する、その後の実人生を生きてきた人生行路の最終段階に立っての呼びかけであり、結論とも言うべきものである。

卒業論文を執筆中の神学生の私は、実存主義の影響を引きずりながら、バルトの教会教義学によって、神学への道を歩み出したところであった。同時に当時の私は、すでに川崎市南部にある桜本教会に通っていたが、そこで出会う人々の多くは、さまざまな苦悩を抱える人たちであった。

それも半端な苦しみではない。そこには、いわれなき差別を受ける在日朝鮮人たち、重い障害に苦しむ人たち、人生に絶望して教会にやってくるホームレスや精神障害のある人たち、貧しい生活の中で学校にも家庭にも居場所のない子どもたち……、苦悩の淵にいる人々であった。

ベルジャーエフの宗教哲学の根底には、この世の悪をどう理解するかという「神義論」が置かれている。この哲学と、学び始めたばかりのバルト神学との対比においても、自ずから神義論が主題の軸となっていった。

そしてその後も、私は教会や学校の現場において、多くの苦しむ人々や子どもたちと出会い、神義論の意味するものを問い続けてきた。大学での机上の研究テーマとしてではなく、傷つきもがきながら生きている人たちの中で生きることは、彼らの発する「神よ、どこにいるのですか」、「神よ、なぜ私なのですか」の問いを一緒に発することであった。苦しむ人々との共生を試みるインクルーシブ教会の中で、また障害のある子どもたちとの教室の中で、「神よ、お答えください」の叫びを、私自身が何度上げたことであろう。

私には、「神義論」に対する特別な思いがあるが、それは上記の理由によっている。

2　哲学的思惟と神学的思惟

神義論をめぐって、以下では哲学の考え方と神学の考え方との相違について記す。

まず始めに、啓示とは何かについて考えてみよう。ベルジャーエフにおいて認識とは、単なる対象の受容ではなく、もっと積極的な創造的活動とされていた。このことは認識対象が、神の啓示になっても変わることはない。ベルジャーエフは、「啓示が神の特別な行為の然らしめるところとして、自動的に人間によって受け入れられると私たちが考えているならば、私たちはそのような考えを棄てるべきである」と述べている（N・ベルジャーエフ『真理と啓示』田口義弘・木村守雄訳、白水社、一九七四年、五四頁）。神の啓示は一方的に、すなわち服従を強いるかたちで与えられるものではなく、人間の自由において、言い換えれば神と対等な立場で認識されるべきものであるという主張が背景にある。このことはベルジャーエフに限らず、宗教哲学の立場、すなわち神学よりは人間学的立場に立つ人たちに共通する主張である。武藤一雄は、「確かに神は、その深淵的性格においては、決して依存するものではないけれども、人間に対する自己啓示においては、人間が神の啓示を受け取る仕方に依存しているのである」と述べていて、神と人間との相互依存関係について語っている（武藤一雄『神学と宗教哲学との間』創文社、一九六一年、一五六頁）。それはちょうど、ベルジャーエフをはじめ、多くの神秘主義者が言う、神と人間との関係は相関的なもので、互いに持ちつ持たれつのものであるという結論と同一である。このような見解は、バルト神学とは決定的に対立するベルジャーエフ自身の立場を示すものであり、バルトの神の言《ことば》の神学に対し、啓示認識における人間の相対的な優位性をあくまで貫こうとしている。

しかし、ここで問われるのは、人間の認識そのものが、神の啓示の前になお重大な問題として捉えられている、そのような実存のあり方についてである。それはベルジャーエフにおいては、私という実存が神の恵みの対象として捉えられる信仰的実存ではなく、神とは何か、啓示とは何かという探求的主体者としての実存と規定されている。哲学的主体は、主観－客観の図式を克服すべく実存を前提とするが、結局は認識主体と啓示とをその図式の内に置いて眺めているということである。テオリア的態度（観想的態度）の内に、そして啓示と認識主体という永遠に続く二元論の中で、それゆえ信仰者としてではなく、探求者として、あるいは学問的傍観者として問い続ける者の態度である。そこには、神を実存の主語とする信仰的態度ではなく、神をも実存の述語とする哲学的態度がある。そのような態度の根底にあるのは、イエス・キリストの啓示をあらゆることの出発点とするのではなく、自己意識の確実性からすべてを、神すらも捉えようとするデカルト的・哲学的態度に他ならない。

バルトは『教会教義学Ⅲ』の中で、デカルトとの対決において次のように述べている。

デカルトは、自己意識から引き出された「神観念」を直ちにわれわれの自己認識と世界認識の妥当性の証拠としたのである。もちろん、デカルトの言うことはある意味では正しい。なぜなら、「われわれが神を信じているからこそ……われわれが存在することを信じ、われわれが存在しないことを信じない。またわれわれのまわりにある世界が存在し、存在しないのではないということを信ずる」からである（Karl Barth, *Die kirchliche Dogmatik*, III, 1, EVZ-Verlag: Zurich, 1970, S. 414）。しかしデカルトの基本的態度は、神の独自の自己証言から出発したことにあるのではなく、「わわれわれ自身の精神の証言」から出発したことである。したがって、正にその理由によって、われわれが無の中にいるのではないことの確実性が、そこからは与えられないからである。むしろ逆に、創造者自身の自己証言が、被造物の存在と自己意識、世界意識を開示する。デカルトは創造者である神の啓示から出発するのではなく、人間における神の観念から出発している。

バルトの言う神の啓示とは、いままでに見てきたように、歴史に現れた三位一体の第二格にいましたまう主イエス・キリストの啓示である。イエス・キリストの啓示以外に何ものをも出発点としないバルトの態度は、そこから自然神学や神秘主義、及び近代合理主義に対する断固たる「否！」(Nein!) で臨むのである。

私はここで、神学的思惟と哲学的思惟との相違について、以下のように規定したいと思う。すなわち神学的思惟とは、イエス・キリストという特殊啓示にすべての出発点を持ち、あらゆる教説が勝利者イエス・キリスト、すなわち復活と再臨におけるイエス・キリストに基づいて、イエス・キリストに向けられ、イエス・キリストにおいて立てられていること、他方で哲学的思惟とは、その内容がいかに信仰的・聖書的事柄についてであっても、根本的に人間の自己意識、世界意識に基礎づけられ、そこが出発点となっていることである。そこにあるのはまた、神への服従という行為において、神に規定された者の思惟と、無規定に自らが一切の主体者である者の思惟との相違である。したがって、創造者と被造物との関係で言えば、被造物が神の前に低くあることこそが被造物の高挙であって、被造物であることに対して「然り」を言うキリスト者としての思惟と、その関係を逆転して、「神が誰であり、如何なるものであるかを自ら決定しようとする、誤った自己信頼」の上に立ち、生きたまう絶対者である神の前での畏敬喪失にある者――それこそ神喪失の実態であるのだが――の無規定な思惟である（K・バルト『ローマ書新解』川名勇訳、新教出版社、一九六二年、四〇頁）。

そしてこの二つの思惟が、互いの境界線を越え易いことは、われわれの日常生活からも容易にうかがうことができる。その際、常にその思惟が、イエス・キリストに基づいているかを問うことが、その越権を是正することになるだろう。

バルトが『教会教義学Ⅲ』の中で、神学とは巡礼の学であり、「いつもただ違った方面から別々に、一つの対象に向かう思想や命題を辿るだけであって、決して一つの体系を立てたり、この対象を把んでしまったり、言わば『とじ込め』たりすることはできない。その限りにおいて、それは破られたる思想であり言葉である」と述べるとき、被造物たる人間はただ神について破れた思惟しか持ち合わせていない、というバルトの深い謙虚さをうかがい知ることができる（Karl Barth, *Die kirchliche Dogmatik*, III, 3, *op. cit.*, S. 332）。学問の名において、対象を完全に把握しようと欲することが、すでに自ら被造物であることに対して、「否」を言い続けることに他ならない。破れた学としての神学の方に、むしろ神学の本質がうかがえるのではないかと私は思う。

神義論を問うことは、結局イエス・キリストとはなにものであるのかを問うことになる。

キリストから始まらない考えは、「悪」の問題に対しても、人間的な思惟に依拠して解決を考える試みになる。神の前に造られた者として謙遜になれるか否かが、ここでは問われているのである。

3 被造物への祝福

『創世記』一章には、言葉による創造を行った後に、「神はこれを見て良しとされた」と記されている。その記事には六回、そして六日間かけて創造された後、すべてをご覧になって、「見よ、それは極めて良かった」とある。神は万物を創造し、それを良きものとされた。では神の創造とはいったい何か。

1、神の創造は、被造物に対する明確な目的を持っている。
神の創造は偶発的なものではない。神の意図をもって生まれ、神への従順へと招かれている意思がある。

2、創造主と被造物との相互作用として語ること、聞くことがある。
神は御自身の意思が聞かれるような仕方で創造する。傷つきやすいパートナーとして心を配りながら、語られる神である。

3、人間の創造は人間の誕生の際の神の祝福である。

神は御自身にかたどって人を造られた。この神のかたち（神の像）についてはすでに述べたが、人は神のイメージの中で生命を与えられたのである。神の創造は祝福の創造とされる。祝福とは神の恵みを受けることであるが、旧約聖書においては、それは物質的なもので、子孫の繁栄、長寿、土地の継承などであった。「子どもが与えられること」が最も代表的なものであり、『創世記』一章には、「産めよ、増えよ、地に満ちよ」とあるように、命の誕生は神の恵みを表すものであった。子どもを産めない女性たちが、神の恵みを祈る場面が、聖書にはたくさん登場する。また新約聖書では、キリストは「あなたを呪う者を祝福しなさい」と語り、またパウロは「迫害する者を祝福しなさい」と語るように、自らへの祝福だけでなく、敵である者への祝福をも求めるようになった。

さて、神の創造は祝福の創造であるが、創造の物語全体を通じて、神はその結果を「良い」と判断されている。ここで使用されている「良い」は、もともと「道徳的な質」において用いられるものではなく、むしろ「審美的な質」と関係している。それは、「美しく心惹かれる、目を楽しませ、美しい」と訳されるべきものである。神の働きによって万物は創造されたが、その結果に神は喜びを見出したということである。七日目に神が休息に入られたのは、一週間が終わったからではなく、造られたものが満足すべきものであったからと見るべきである（W・ブルッグマン

『創世記　現代聖書注解』日本基督教団出版局、一九八六年、七七頁)。

神は人間を良きものとして造られたが、人間の姿は見苦しいほどに不従順であり、自らをあまりに誇る傲慢な者となってしまった。それは最初の男と女の堕罪に始まり、カインとアベルの兄弟間の殺人、洪水物語、バベルの塔に見られる人間の罪深さを示している。だが、神は人間が御自身の意向に添う者となることを待ち続ける。この点こそが、神の、「良きもの」として造られた人間への期待である。罪が存在する。それが世界の特質である。恵みが存在する。それは神が御自身を表す方法である。

人間の中に「良きもの」をずっと見ておられる神がいる。罪に堕ちた人間を神は否定されない。「良きもの」として造られたことは、神の前に罪によっても朽ちることはない。

「良きもの」として造られたことを、被造物への全肯定と受け止める考え方がある。すべてのものが「良きもの」として存在する。良からぬものは存在しないと、見えている現実に蓋をするのである。

だが、そうではない。私たちには見えないけれど、「良きもの」が人間に残されている。神はそれに期待をかけておられる。いかに私たちの姿が美しいものではなくとも、神は私たちを美しいものと見ておられるのだ。

4　障害の神義論

神義論は、この世の悪に対する神の義を論じるものである。神はなぜこの世に、人間にとって「悪しきもの」を生じさせたのか。または「悪しきもの」が存在することに対して、神はどうかかわっているのかを問うものである。

障害を「悪しきもの」と捉えること自体、間違っていることを、ここまで繰り返し指摘してきた。人間の理性によって、この世の悪の存在と神との関係について問うことの間違いや、神の創造における、「良しとされたこと」の意味について見てきた。ここでは、障害そのものを、神義論の俎上で検討してみたい。

次に登場する人たちは、いずれも障害者との共生から見えたものを語っている。

1　「抗議の神義論」J・ロス

現代の神学者J・ロスの神義論を取り上げる。ロスはプロテスタントの自由主義神学者で（クレアモント大学）、実存主義の立場からこのテーマに取り組んでいる。ユダヤ思想とホロコーストに大きな影響を受けた神学者である。

ロスは、最初に人類統計学者ラメルの造語 democide「デモサイド」を引用し、それは「誰か一人あるいはそれ以上の人間を政府が殺害すること」を意味する言葉であり、二〇世紀のデモサイド犠牲者は戦死者を含まずに、二億三〇〇〇万人を越えると計算する。ラメルはその五〇年前にジャーナリスト、レムキンの造語 genocide（集団殺戮）について語り、ナチスによるユダヤ民族絶滅のホロコーストに言及している。

あのような集団殺戮を、神はなぜ見過ごしにしたのか、黙認したのか。ロスは、神への問いを「抗議の神義論」と呼んでいる。プロテスタント神義論の多くは、この世のどれほどの悪であろうとも、神の勝利が必ずくるという。それは神の視点からは完全なものになるという。いまはそれが明白に見えなくとも、いつか「終わりの時」にははっきりする。その時に悪の意味と、それが打ち滅ぼされたことを知ることになる。そのように主張する。だがロスは、そのような神義論を否定する。なぜなら神の勝利は人間の目には見えないし、完全なものではないからだ。その理由は、二億人を越えるデモサイドの犠牲者は、失われたものとしてあまりにも大き過ぎるからである。

ロスの神義論は、アウシュヴィッツのホロコーストに向けられている。ユダヤ人を焼き尽くしたあの火を、神はなぜ黙認したのか。手をくだそうとはしなかったのか。しようとしたができなかった理由があるのか。上述のエリ・ヴィーゼルは、あのようなホロコーストを経験した後の世界では、神が存在しないよりも存在する方がかえってやっかいであることを示している。あの出来事は、端的に神の不在を物語っている。神の不在を信じることの方が自然であるという。しかし、ヴィーゼルは神を手離そうとはしない。その代わりに彼は神に抗議し、神を放免するのでも、無視するのでもなく、神を裁判にかけ、有罪にすることによって絶望を喰い止めようとする。彼は問い続ける。それでも彼は、神を信じ続ける。アウシュヴィッツの塀の中で地獄を見た男は、神を弾劾しながらも、神の力を求め、信じ続ける。なぜなのか。ヴィーゼルが神を裁判にかけ、有罪を宣告した後も、神を信じることにかかわって、ロスはこう応えている。完全に否定することは行き過ぎである。同時に、神を赦し、赦免することも行き過ぎである、と。ロスは神義論に何を求めているのか。

ロスは、ほとんどの人は完全に善なる神を求めるか、神などいらないと考えるかであると言う。そして現在の状況では、多くの人は宗教を迷信と考え、神はいないと思っている。その対極にある信仰者は、神が存在し、万物を造り、歴史を導いていることを信じている。だから、神を裁判にかけ、有罪とすることなど考えてもいなかった。むしろ、この世に起こる悪を目の当たりにしても、神の無罪を擁護することに努めてきた。

神学の立場からは、父なる神は正しく、神の子たちが間違っていると主張されてきた。被造物である人間だけが、その罪のゆえに悪を犯したものとして断罪されてきた。だが、そのような「罪の概念」に苛まれる人間に、「あなたは大丈夫、問題ない」と主張する心理学の登場によって、人間は罪から解放された。キリストによる罪の赦しではなく、人間の肯定感を、自尊心を向上させることを意図した心理学が、いまや神学に取って代わった。ある意味では、卑小な人間観をつくり出した神学の時代から、人間性を肯定的に捉える心理学によって、再び人間中心の文化に戻ったとも言える。かつてのギリシャ・ローマの文化、ルネッサンスの人間中心主義文化の時代が再び到来したことが、今日、宗教の終焉時代を迎える要因となったとも言える。

しかし、ロスはこうした心理学による「罪からの解放」を肯定するのではない。もちろん、神の無罪を説く正統派キリスト教神学を認めるわけでもない。私たち人間が経験する悪なるものは、人の罪に由来するだけでなく、神の罪にも起因すると述べる。神が自分の責任を負うことを要求する。なぜなら、神にはすべてのことができるのであれば、その責任は決して小さくはないからだ。

神の責任とは何か。それは、「創造のはじめにアウシュヴィッツがあった」ということを意味している。神があのような出来事を予定に入れていたとか、直接に引き起こしたというのではない。人間に与えた自由があの出来事を起こしたのであれば、この自由の一点において、神を被告席から下ろさない、とロスは言う（S・デイヴィス編『神は悪の問題に答えられるか——神義論をめぐる五つの答え』本多峰子訳、教文館、二〇〇二年、三四頁）。

人間の自由は、神の弁護に用いられる戦略としてはよく知られてきた。自由は善であり、神が無垢な人間に自由を与えた。神は、おそらくこの自由が人間の手によって濫用されることを知っていたに違いない。それでも人間の手に託した賜物として、神に罪はないと神学は説く。だが、ロスは人間に与えられた自由があまりに少ないと訴える。ロスに強い影響を与えたホロコーストを見れば、それは明らかであると言う。ホロコーストは歴史の戯れではない。その荒れ狂う凶暴さをどのような人間の対抗力も止めることができないままに、何百万人もが見殺しにされていく。ナチス・ドイツを屈服させたのは、巨大な軍事力とそれにともなう大量殺人であったことを、私たちは知っている。

ホロコーストを人間に与えられた自由による罪とするには、あまりにも結果が重大過ぎる。それならばなぜ、もっと大きな自由を人間に与えなかったのか。人間の自由を根拠にした神の弁護は、悪魔の代弁者の策略でしかない。ロスはそのように結論づける。

キリスト教徒は、イエスの復活を神がなしたものだと信じている。そのようなことができたのであれば、神はホロコーストをもっと前に阻止することができたはずだと、抗議の神義論は主張する。「十字架の丘が反ユダヤ主義を解放し、アウシュヴィッツの焼却炉をもたらす可能性があったのに、神は本気でキリストにおいてすべてを新しくすると言っていたのであろうか」、と。

ロスの抗議の神義論の結論はこうである。悪によってもたらされた多大な損失は、人間に絶望しか与えない。だがしかし、絶望は強い抵抗の精神を生む。それは神に対する異議申し立てである。抗議の神義論は、全能の神の存在を信じるが、神の意思以外に人間が何をなすべきか、何が始まるのかを決定するものではない。ロスは聖書に基づく宗教的伝統によって、神を理解する。その伝統的側面と異議申し立てとの間で、どのように調和を図るかに苦闘しているのである。

抵抗の神義論は、決して反キリストではない。聖書に記されているように、より豊かな未来が約束されていることをあえて信じるとする。その神を肯定し続けるためには、神に抗しているという意識がなければならない。抵抗の神義論は、神を信じながら、神に抗議するというその二項対立のただ中で、もがき苦しむ人間の姿を示しているのである。ロスは、歴史上のデモサイドやホロコーストに多大の影響を受けて思索する学者であった。

ロスはその著書の最後に、あるユダヤ人の家族のことを記している。彼らはスペインから追放され、最後にどこにも逃げ場がなくなって、一人また一人と死んでいく。そして、一人残された父親が神に祈る場面が登場する。ロスの言おうとすることが、ここに集約されている。

宇宙の支配者よ、私はあなたが何を欲しておられるか知っています。私はあなたが何をなさっているか分かっています。あなたは私が絶望に押しつぶされることを望んでおられる。私があなたを信じなくなることを、あなたに祈ることをやめることを、御名を讃え聖別することを、やめるように望んでおられる。でも私は言う、否と。千回でも私は断る。決してあなたの望み通りには成功させはしません。私にもかかわらず、あなたにもかかわらず、私は信仰の歌、カディッシュを声高く歌います。あなたのために、あなたに抗して。この歌、「イスラエルの神よ、もう黙っていてはいけません」を。（デイヴィス編、前掲書、五八頁）

ロスは、ホロコーストに強い影響を受けた神学者である。二億人を越えるデモサイドの事実を前に、この責任を人間の罪、自由意思だけに負わせることはできないと考える。「神は何をした」、「神はどこにいるのか」と悲惨な状況のただ中で叫ぶ人間の声を神は聞いているのか、とロスは問う。正統派神学は、「終わりの時にははっきりとわかる」と説明し、われわれに見えるのは人間の側に起こったことだけであり、神の全計画の一部分でしかない、と言う。そして、見えない事実を確認することが信仰なのだと説く。だが、ロスはこの地上で起こっていることの不条理を神に訴える。ロスは反キリストではない。神を信じるがゆえに、神に抗議する姿勢を貫こうとする。もがき苦しむ人間の姿を神に見せつけ、神の責任を問うのである。

ロスの神義論は、従来語られてきた神義論とは異なっている。それは、二〇世紀の悲惨な人類の状況を見つめたところからの、神に対する抗議なのだ。神の存在を信じるがゆえに、神に抗議する。神の沈黙に対して、人間の抗議を行うのである。抗議という形態を通して、神の存在をより強く感じていく。これこそ、共感性に満ちた神義論ではないか。

2　『人間になる』ジャン・バニエ

ジャン・バニエは、「ラルシュの家」の創設者として知られる。「ラルシュの家」とは、障害のある人と障害のない人とが一緒に暮らす場所である。障害のある人とない人とがお互いを理解し、助け合って生きるところなのだが、ここでバニエは問うのだ。障害者は障害のない人に何を与えることができるのか、と。そして、それは「人間であることの意味」を教えることだという。障害者は私たちが生きる上で求める社会的な成功ではなく、心を教える人たちなのだと、バニエは言う。

私に人間であるとはどういうことか、また社会についてのあり方、もっと人間的な社会のあり方を教えてくれたのは、知的障害の人たちなのです。彼らとの生活を通して私は受け入れることの喜び、お互いを尊重し合い、楽しく笑いながら働いたり心を通い合わせたりすることの喜びを知りました。そして、私は以前にも増して人間であることから霊性が自然に生まれる、あるいはむしろ、それが私たちの人生と人間性を形作るべきだと思っています。……神との出会いは、何よりまず頭脳明晰で地位のある人たちのものではなく、弱くて謙虚で他人を愛することのできる人たち、すなわち心の道を歩む人たちのものです。

（J・バニエ『人間になる』浅野幸治訳、新教出版社、二〇〇五年、一三四頁）

バニエは、「良き理解者」の項で、私たちは人生のあらゆる段階で「良き理解者」を必要とするが、もともと「良き理解者」の意味とは、仲間・伴侶（companion）と同じく、「パンと共に」というラテン語に由来しているという。そこには、わかち合うこと、一緒に食べること、互いに養い合うこと、一緒に歩くこととという意味がある。良き理解者は産婆のようなもので、私たちがもっと生きられるようにしてくれるのだ。だが、良き理解者の方も逆に生きる力を受け取るのであり、お互いに心を開くということが起こり、心の絆が育ち、そこからお互いが生きる力を与え合い、もっと自由になれるように励ますことになると言う。

障害者と、彼（彼女）を支え、助ける者との関係は、常に双方向である。これは障害児教育や障害者福祉に携わる人であれば、素直に心に落ちる言葉であろう。支えるものが支えられる者になり、助ける者が助けられる者になるという支援の双方向性は、実際に一緒に生きることの中で生じるのである。ここにあるのは、たまさかのボランティアや研究者には経験できない世界である。

ノルウェーの犯罪学者ニルス・クリスティは、犯罪を「報復」や「矯正」という視点から見るのではなく、修復的関係という角度から見るべきであると語っている。犯罪の増加に対して、厳罰化という報復が行われている。小さな犯罪に過剰な刑罰が下される。囚人爆発と言われるように、どの国でも刑務所に人が溢れ、アメリカでは私設刑務所が登場している。

クリスティは、刑罰に対する考え方の中核を次のように言う。

親切であれ、殺すな、拷問を用いるな、意図的に苦しみを与えるな、許しは懲罰を超える。

（N・クリスティ『人が人を裁くとき――裁判員のための修復的司法入門』平松毅・寺澤比奈子訳、有信堂高文社、二〇〇六年、一四七頁）

犯罪者がいずれ地域社会に復帰することを前提に、赦すことの大切さを説くのである。地域の共生社会をつくり上げることの大切さを教え、赦し合いを勧める。クリスティは、障害者と共同生活をした経験があり、そこで重要なことを学んだと語っている。

障害のある子どもたちの教師として、人生の大半を過ごしてきた私自身、どれだけ障害のある子どもたちに支えられてきたかを思う。中学の特殊学級の教師をしていたとき、父の葬儀のために三日間休み、四日ぶりに登校した朝、言葉のない知的障害の子が、泣いて私にしがみついてきた。そのとき、この子が私の人生の根幹を支えてくれていることを強く感じた。また、最後の勤務先であった養護学校では、毎朝重度の肢体不自由の子どもたちのところに行くことを、校長である私自身のなすべきこととしていたが、自分の体をまったく動かすことのできない脳性マヒの中学生が、私の姿を見て全身で喜びを表し、歓声を上げて迎えてくれた。彼女の手を取り、たくさんのお話をした。言葉がなくても話はできる、心がありさえすれば。彼らこそ、私を支えた人たちである。逆に、どれだけ私は彼らを支えることができたのだろうか。

ジャン・バニエは、知的障害者と一緒に生活する中で、心がつくられるという。そして障害者は、私たちに「人になること」を教える人たちなのであると主張する。

3 『障害者イエス』寺園喜基

久山療育園の寺園喜基は、その著書『ひびきあういのち——重症者神学への道』（久山療育園編、新教出版社、二〇〇六年）において、イエスを障害者と捉える視点を提唱している。障害者という言葉に内蔵されているマイナス観、否定的評価を神学的にどのように払拭できるかという観点から、イエス自身を障害者であるとの認識に改めることが重要ではないかと主張している。

過去に提唱された「障害者神学」は、経済主義・功利主義一辺倒の社会にあって、障害者は能力によって「劣等」のラベルを貼られていることを指摘した。差別や排除が当然のように行われているのは、社会が人を能力や生産性の基準でしか見ないからである。能力ではなく、どんなあり方であれ、人間存在それ自体に意味があると理解するべきではないか。いまや競争社会から脱して共存社会を目指すことが大切であり、その過程では共存社会における障害者の存在こそが、大きな役割を担うことになる。無力、無能力とされている障害者こそが、「徹底的に競争社会のあり方を問う者」である。神は能力ではなく、存在を認める方であり、人間存在を誰でも等しく見られるお方である、と。これが、「障害者神学」の主張の骨子である。だが、障害の問題とは、このような神学理論で結着がつくようなことではない。

「障害者神学」の主張のように、人は障害によって差別されるべきではない、なぜなら神は能力によって評価することはないからだと言われても、障害当事者がそれで納得できるだろうか。

例えば、肢体不自由があり、自分の意思では身体を動かすことのできない人が、世の中はあなたを否定的に見るかもしれないが、神は差別されないと言われて、果たして腑に落ちるだろうか。彼は自らの障害に苦しみ、差別や偏見に傷ついているのだ。「存在の肯定」を、言葉で聞くことによって、何かを納得することができるであろうか。

寺園は、従来より語られている「障害者神学」の持つ意味の重要性を認識しながらも、神学の営みで終わるのではなく、その後に「共生」の取り組みがあるのか否かを問い直す。神学者が論議の結末を単に語るのではなく、それを共生の中で示すことができなければ、当事者は納得しないからである。問われるのは、神の「障害者肯定」を共に聞きつつ生きることである。神学論議に終始するなら、それは不毛の取り組みと言うべきでろう。障害者神学を語るものこそが、障害者との共生の中で、神の言葉を聞かなければならないのだ。

そして寺園は、イエスを障害者と見ることの大切さを説く。イエスは十字架において障害者になられ、ご自身の障害を負われた方であるとするのである。『マルコによる福音書』では、「他人を救ったが、自分自身を救うことができない」、このイエスこそが、「障害者イエス」なのだ。イエスはこの世に望まれる姿をとった救い主ではなかった。あまりに無能で、低いその姿は、障害者そのものだからである。神は御子を障害者とすることによって、障害をご自身のこととされたのだ。神の言葉が肉体となったということは、神が人間の本質を身にまとわれたことを意味する。それは、障害者を含めたすべての人間を救う対象にされたということである。

『イザヤ書』五三章は、「苦難の僕」として知られ、受難のキリスト像の予型を表している。

見るべき面影はなく
輝かしい風格も、好ましい容姿もない。
彼は軽蔑され、人々に見捨てられ
多くの痛みを負い、病を知っている。
彼はわたしたちに顔を隠し、
わたしたちは彼を軽蔑し、無視していた。
彼が担ったのは私たちの病
彼が負ったのはわたしたちの痛みであったのに……。

（『イザヤ書』五三章2－4節）

キリストの受難を思わせるこの一節は、キリスト誕生の七〇〇年前に書かれたものである。私たちのためにキリストは、罪人の一人として十字架にかけられた。十字架に至るまでの苦難の数々は、私たちの苦しみを自らのものとして負われるための歩みであった。

さて、この『イザヤ書』五三章の「苦難の僕」は、後のキリストを示すものとして理解されているが、この「苦難の僕」こそ、障害者の姿ではないか。そのように見る人たちが多い。「苦難の僕」のあまりにも写実的な描写は、その一つひとつが障害者の様相を呈しているからである。

このような聖書の記事から、キリストを障害者の一人と見ることができるのだ（前掲『ひびきあういのち』一二三六頁）。

障害者はその障害の種類や重さの程度に関係なく、神による被造物である。私たちは神が良しとされた人間を、障害を盾にとって「壊れた被造物」と表現することなどできない。人間には強い者も弱い者もいる。どのような生であれ、それは神の賜物なのだ。

寺園は障害者イエスを主張しながら、神学における人間論にくさびを打ち込もうとする。従来の人間論は、意図的に障害者を除いて語られてきたのではないか。だから、教会は障害者の受け入れに対する抵抗勢力となっていったのではないか。

障害者は、共生社会への道を開く存在であると語られること自体には、大きな意味がある。しかし、障害者との共生がいったいどこに存在しているのか、教会がどのように障害者との共生を行っているのか、これが問われているのである。

4　「障害者と相互依存の神学」キャシー・ブラック

障害者に対する教会の対応には、しばしば障害者を神に特別な祝福を与えられた者と見ることが含まれる。しかし同時に、障害者は罪のゆえに神から罰を受けた者と考えられる場合もある。罪や信仰の欠如の帰結として、また悪霊に取りつかれている人というイメージで見られることもある。教会において、障害者には祝福された者であると同時に、呪われた者という両面のイメージが存在している。

私たち人間は、人生における苦難の意味を見出したいと願う。このことにどんな意味があるのか、その意味が理解できれば、受けている苦難に耐えることができると考える。そこで、キリスト者であれば神の意思を探る。障害についても同様である。

全知全能で愛なる神が、なぜこの世に障害者の存在を赦しているのか。それを神義論として、「悪の問題」と位置づける伝統的な神学では、障害は悪であり、罪の結果であると結論づけ、障害者に悔い改めを迫ってきた。この伝統的な聖書解釈に対して、自ら障害を負うＫ・ブラックは、癒しの観点からの説教を対置する。

視覚障害の癒し　第四章でも取り上げた『ヨハネによる福音書』の「生まれつき目の見えない男の癒しの物語」がある。この箇所の伝統的な解釈では、世の光であるイエスが闇の力に勝利したという点を強調するか、イエスが何者であるのかを理解するまでの証言を読みながら、盲人の信仰の成長に観点を置いた解釈になるかであった。あるいは、盲人の癒しは「他者への依存から解放されたこと」だと語る者もいる。神は人間を奴隷状態から救い、自由を与えたという文脈からの読み方である。だが、人が生きるとはすべてのものから独立して、すなわちあらゆる依存関係から抜け出して生きるということではない。人は、どんな人であれ、どのような状態であれ、お互いに依存し合って生きている。そのことが理解されないのは、人と深くかかわって生きる現実を持たないからではないか。

盲が、罪と結びつけられて解釈された例として、二世紀のラテン教父テルトゥリアヌスは、次のように言う。「生まれつき盲人であるわれわれの罪を洗い流し、自由を与え、永遠の命を与える水の聖礼典に書かれている」と。しかし、このような解釈では、盲であることを隠喩的に罪と解釈することになる。

ブラックはこの聖書の箇所の解釈に求められる前提として、次の三点を重要なポイントとする。一点目は、生まれつき目の見えないことは、本人のまた両親の罪ではないとイエスが言い切る点である。障害が罪の結果であるとの主張は、そのようなイエスとキリスト教神学に対する拒否の宣言である。二点目に、この盲人の癒しは、障害を共同体への帰属意識を踏まえたものとしてではなく、むしろ共同体からの孤立と結びつけられているということである。それは、イエスとの出会いによって、いままでの共同体との結びつきを新たなものにするということである。三点目に、彼はイエスの癒しの前までは、信仰を持っていなかったということがある。彼の信仰は自分の体験を語るときから成長していくのだ。それは、癒しが信仰告白を前提とするものではないということである。

この世界には、悲惨、苦難、不満、それに障害がある。神がこれらを引き起こしたのではないが、われわれを支え、転換させるために、神はその中心にいる。……苦悩からの転換はどうして可能になるのか。それが可能なのは、この世界が相互依存関係のつくるネットワークの一部をなすからである。われわれを慰めるために触れてくる誰かの手を通して、愛をもって受け入れてもらうことを通して、また抱きしめられたり、食卓に招かれることを通して、神の臨在を経験する。他人との真実な交わり、真の共同性を通して、われわれは愛である神の臨在を経験する。われわれは自分自身と他人の幸福を実現するために、神と共に相互依存しながら働いているのである（K・ブラック『癒しの説教学』川越敏司・飯野由里子・森壮也訳、教文館、二〇〇八年、五二頁）。

ブラックは、共同体の中でお互いが依存し合う関係性において、障害をはじめ、さまざまな苦しみを乗り越えていくことについて記す。障害は、罪に対する神の罰ではない。にもかかわらず、障害を罪への応報のように語る説教者の誤りを指摘する。教会は神の子であれば誰でも受け入れられるべき場所であり、依存し合う場所である。不幸なことにバリアフリーの教会は少なく、障害者を歓迎し、肯定する教会はあまりに少ない。『コリント人への第一の手紙』にあるように、体の中で他の部位よりも弱く見える部分がかえって必要であり、神は各部分がお互いに配慮し合うように体を、すなわち信仰の共同体を組み立てられている。この依存性を生きること、それを尊重することこそが、自立性に高い評価を与える現在の文化において、信仰者を際立たせるものではないかとブラックは主張する。

5 『インクルーシブ神学』鈴木文治

インクルージョンとは、たとえそれがどのような違いであれ、人間同士がそれを理由として排除するのではなく、お互いが受け入れ合い、支え合って生きるという共生の理念である。北欧の福祉哲学から生まれた「排除しない社会の理念」は、多くの国や機関が賛同し推奨している。

もともとは高齢者の問題から出発した共生の理念は、福祉分野に留まらず教育においても、また社会のあり方についても目指すべき目標として世界の潮流となりつつある。日本では、教育問題として障害児と健常児とを分離する教育から、分離しない一体化したインクルーシブ教育への転換と実現に向けた取り組みが始められている。

分離と排除を進めてきた動向の根底には、社会的排除の問題がある。障害者だけでなく、外国人居住者、貧困層、ホームレスに対する差別と偏見に基づく排除が今日いたるところで起こっている。それに対して排除や分断のない社会、すなわち共生社会の実現を図るために、教育現場から改革への動きが始まっているのである。現在の日本社会は、インクルーシブ社会とはかけ離れたものになりつつあり、これに歯止めをかけうるのはまず教育であるとして、子どもたちの「差別をしない」、「排除を赦さない」心の育成が求められているのである。

インクルージョンの主張の根底には、「ソーシャル・インクルージョン」（社会的包み込み）がある。しかし、現在の社会のあり方は、日本だけでなく国際社会もまた明らかに「排除と分断」

の方向に向かっている。難民の排除など、その原因をつくったヨーロッパ諸国の犯罪性が指摘されているにもかかわらずである。日本でも子どもの貧困率が六パーセントに達し、「子ども食堂」が自治体によって運営されているが、子どもの世代にまで及ぶ富裕化と貧困化、経済的な格差の拡大が指摘されている。日本には政治がない、このことを実感する人々はあまりにも多くなっている。

私は生涯の大半を差別や排除をされやすい人々と共に生きてきたが、その経験を踏まえて、神学の分野において、「インクルーシブ神学」を提唱した。以下はその骨子である。

インクルージョンについては、第二章で触れたが、改めて何点かを確認したい。インクルージョン（包み込み）は、そもそも人を障害と健常とに二分できるのかという人間観から出発している。それは障害だけでなく、人種や性別、言語や宗教によって人を分けられるのかと問う哲学である。

インクルージョンは「包み込み、一体化」と訳されるが、対概念が exclusion であることを考えれば、その意味するところが明らかになる。すなわち、「排除しないこと」である。

教育の分野では、障害など、その子にどんなニーズがあろうとも、弾き出さずに一緒にやっていくことを目指すものである。

社会全体で言えば、障害者、高齢者、外国人居住者、ホームレス、貧困家庭、犯罪者などを壁をつくって外に追い出すのではなく、お互いが理解し合い、助け合うことを目指すのである。

障害について言えば、インクルーシブな社会の到来と共に、「障害、障害者」という言葉そのものがなくなると言われる。障害者と特化して見るのではなく、自然に支え合う意識や仕組みができあがっていって、特別な対応を必要としない社会になることを目指す。

そもそもインクルーシブな社会では、障害者と健常者との間に境界線は引けず、障害は健常とは明確に区別されない。人はすべて障害者という認識がそこにある。教育や福祉などの特別の領域に限定しないで、社会全体が境界線や枠をつくってそこから弾き出すことをやめることが求められる。

教育や学校での課題を、キリスト教や教会の歴史に置き換えてみればよい。初期のキリスト教は聖書に基づいて、苦しむ人々を積極的に迎え入れ、教会を形成してきた。インクルージョンの理念とは、そもそもキリストの言動やそれを記した聖書の中に明白に示されているものなのである。しかし、キリスト教の長い歴史においては、境界線を引き、苦しむ人々を枠の外に弾き出してきた現実がある。もう一度、聖書に基づいてキリスト教や教会が大きく変わることが望まれているのではないか。

インクルージョン思想は本来、聖書に根ざしたものであり、キリスト教の歴史や教会の中で実践されてきたと私は考えている。だが、同時に「イクスクルージョン」(排除)もまた、キリスト教や教会の大きな伝統を構成していたと言わざるを得ないのである。

神の創造は、「良きもの」として人を造られた。良きものの外に、「悪しきもの」はない。例外なく、神はすべてのものを「良きもの」として造られた。これは存在の肯定である。したがって、「悪しきもの」はこの世に存在しない。

そうだとすれば、障害を悪しきものと考えること自体、誤りである。神の創造の恵みからして、その点は明白である。問題なのは、神が「良きもの」と見ておられるのに、私たち人間が「悪しきもの」と判断し、それを差別・排除しようとすることである。それが人の罪なのだ。人間は、たとえどのような者であれ、「良きもの」として造られた。そうではないものがあると判断するのは、人の罪である。

第二章「障害とは何か」で見てきたように、現在の考え方では、障害と健常との間に境界線を引くことはできず、むしろ「すべての人が障害者」と考える時代に入っている。かつては障害者と健常者とを区別して、劣った障害者を健常者の水準に引き上げる教育が行われたが、障害のあるままで良しとする考え方に変わってきているのである。『創世記』の物語に、ようやく時代が追いついてきたと言うべきではないか。

神は人間を創造された。カール・バルトによれば、このことは二つのことを意味している。一つは、人間の創造とは、創造主である神に責任を負う存在として造られたということである。人間は神の契約相手として創造され、そこから神への応答が求められているということである。二つ目は、神との契約関係に生きるということが、他の人間との関係においても出会いの場を生きる存在として責任を負うものだということである。このようにして人間に具わる人間性とは、本性的に連帯的人間性であること、これが結論になる。

『創世記』二章18節「人が独りでいるのとは良くない。彼に合う助ける者を造ろう」、この「助ける者」とは、「彼に差し向かう者である助け手」の意であり、この「差し向かい」こそが、「神の似姿」なのだとバルトは言う。

単なる助け手ではなく、向かい合う存在であるということ、そしてこの神に差し向かって造られた者は、同時に隣人として造られた女とも差し向かう存在である。男と女の創造は、ただ単に異性として支え合うことを意味しているだけではない。隣人に向かい合う者として造られた人間は、他者を肯定し、他者を励ます存在なのだ（K・バルト『キリスト教倫理第2』鈴木正久訳、新教出版社、一九六四年、一〇―一一頁）。

今日の「共生的人間」とは、お互いが理解し合い、助け合い、支え合う人間存在を示している。しかし、キリスト教では、単に助け合う存在というだけではなく、お互いが差し向かう存在であると言われる。人間的な地平での支え合いだけではなく、神と差し向かう存在という規定がその前に置かれている。この垂直的な関係性が、人間社会の「共生的人間像」を初めて可能にし、また根底で基礎づけているのである。

さらに、人間は孤独な存在ではない。神の契約相手としての人間は、神の呼びかけに応答する者として造られている。同時に隣人に対して、応答を求められてもいるのである。神は人を求められる。人はその求めに応じるように、予め造られている。人は一人の者として生まれてきたのではない。二人で一人の人間として生まれてきたのだ。

私は障害者とのかかわりの中で、このことを身をもって学んだ（本書、四二頁参照）。

Gegenüber を「差し向かい」と訳すが、相手の心に真正面から切り込んでいくのが、「差し向かい」である。沈黙の相手、何を求めているのかがよく理解できない相手に対して、相手の心の奥底に一所懸命に探針を差し込んでその意図を探る。それが「差し向かい」なのだ。同時に、神は何を求めておられるのか、神の御心を探ることが、差し向かうことである。私たち人間の神への応答は「責任応答性」（Verantwortlichkeit）であり、それは相手の呼びかけに全責任をもって応えていくという意味である。これは創られた者の、お創りになった方の呼びかけに対する態度である。

私は、表出手段のない重度障害児の声を聞き続けることが、「差し向かい」であり、「責任応答性」であることを学んだ（鈴木文治『インクルーシブ神学への道』新教出版社、二〇一六年、七七―八一頁）。

「インクルーシブ神学」とは、聖書に示されている事柄をインクルージョンの視点で読み解くものである。聖書にはインクルージョンの事例が星の数ほどちりばめられている。

例えば、「異邦人」を取り上げる。ユダヤ民族は神に選ばれた特別な存在であるという認識、すなわち「選民思想」をその歴史観の中心に置いている。他の民族とはその出自からして違っていて、神による特別な恩恵を受けたものとされている。特別な民族には、他の民族を隔てるための「律法」が存在する。神の律法を守る者が、選ばれた民にふさわしい者となる。この律法遵守において、この民族は他の民族との違いを鮮明にする。律法を持たない他民族は、「異邦の民」として低いものとされ、これあるがゆえに異邦人を蔑み、排除するのがユダヤ民族である。

ところがユダヤ民族の歴史の中にも、異邦人に重要な役割が与えられ、民族の礎《いしずえ》とされている者も聖書に数多く登場する。まして、男尊女卑の社会にあって、一段と低くされた女性、しかも遊女がユダヤ民族の歴史上重要な役割を果たした例もある。『ヨシュア記』に登場する遊女ラハブ、『ルツ記』に登場するルツもその一人である。キリストの系図には、本来あるべきではない異邦人の名が重要な役割を果たすために登場していることがわかる。これらもまたインクルージョンの事例と見ることができる。

誕生したばかりの初代教会には、ユダヤ人キリスト者と異邦人キリスト者との争いがあった。選民思想の教育を受けたユダヤ人にとっては、異邦人は本来救いの対象ではないとの思いが強かったのだろう。両者の対立は日々の食料や生活用品の分配をめぐって大きな混乱を引き起こすに至った。そこで十二人の使徒たちは教会の執事として七名を選び、その調整の任に当たらせた。

選ばれた七名は全員がギリシャ人をはじめとする異邦人であった。このことは神の救いの絶対条件であったユダヤ人という民族性を超えて、新たな同胞の出現を意味している。ユダヤ人、異邦人という境界線を越えたインクルーシブな世界ができたということである。

そしてこれは、福音書に見られるイエスの言動に基づいたものであることがわかる。キリストは異邦人を排他的には見ない。異邦人である者たちとの食事や交わりの中で、神の救いは異邦人にも及ぶことを示している。徴税人ザアカイの事例も、インクルージョンの例として挙げられる。当時の社会で誰からも受け入れられず、排除の対象であった徴税人や罪人、その背後にいる多くの貧しい人々を当時の社会をつくり上げていた規範から解放し、神の前に立つ者とした。このことは差別・偏見そして排除の対象とされた人々を等しく神の民とすることを意味し、これもまた境界線を引かないインクルージョンの事例なのである。

繰り返すが、イエスの言動は、すべての人々は等しく神の民であるというインクルージョンの理念に基づくものであることが、聖書には示されている。

障害者や病人についても同様である。彼らに神の国の福音を説き、彼らこそ神の国にふさわしいと語ったイエスは、まさしく「インクルージョンの推進者」ではないか。

私はこのように、聖書をインクルージョンの観点から読むことができると思う。不寛容で排他的であり、境界線を引いて外側の人々を排除する現在の社会への強い警鐘として捉えることができるのではないかと考え、試行に取り組んでいる。

あとがき

私は障害児教育の教師であり、ホームレスや障害者、貧しい外国人居住者の人々と一緒に生きることを目指す共生の教会の牧師です。苦しむ人々や貧しい人々の中で、生きることの意味や社会がどうあったらよいのかを問い続けてきました。

いまの社会は、「排除と分断」という言葉で表現できる社会ではないかと思います。苦しむ人、貧しい人が社会の中でますます片隅に追いやられています。それが当然であるという意見を持つ人々が増えてきています。

「津久井やまゆり園事件」では、多くの重い障害者に対する大量殺戮が起こりました。「言葉のない重い障害者」は不幸をもたらす存在と一方的に決めつけて、一九名の方の命が奪われました。また、第二次大戦中に、障害者の不妊手術が行われ、子どもを産む権利が剝奪されました。さらに、国会議員によってこんな問いかけが発っせられました。ＬＧＢＴ（レズビアン、ゲイ、バイセクシュアル、トランスジェンダー）の人々は子どもを産まない人たちであり、このように「生産性」のない人たちを税金で守ることが必要か、と。

一言で言えば、社会に貢献できる人だけが生きていてよい、意味があるとされる「優生思想」がこうした考え方の根底にあります。そして今日では、このような考え方や意見が声高に主張され、それに同意する人々が増えてきているのです。

私は差別や排除の現場を生きてきました。教員時代の最後の仕事は、新設校の立ち上げでした。ここで、高等学校の跡地に立てた養護学校（特別支援学校）に反対する地域住民の反対運動に直面することになります。開校後の第一回入学式では、地域住民の嫌がらせで校門の前に大きな車が止められ、通行不可の状態になりました。それを見聞きした保護者は泣きました。どうして自分たちの子どもだけが、どこでも差別や排除の目に遭うのか、と。新設校のある政令指定都市の標語には、「人権の街」、「共生の街」が掲げられています。理想と現実とのあまりの落差に、私は強い憤りを感じざるを得ませんでした。

私たちの教会がホームレスの人々を受け入れ、共に生きることを目指すことを決めたときから、町内の反対運動との闘いが始まりました。養護学校でもそうでしたが、障害者もホームレスも「犯罪予備軍」であるとして、彼らを地域に入れることに反対したのです。町内会から反対の強い意思表示があり、またさまざまな嫌がらせもありました。苦情の電話が鳴り止まず、死んだ鳥の死骸などが連日のように教会の扉の前に置かれるということもありました。

ホームレスや障害者たちと一緒に生きる教会づくりを始めたところ、多くの牧師たちはそれを笑いものにしました。ホームレスや重い障害者に信仰は持てるのかというのです。そのことで、教会はそのような人たちを一貫して排除してきたことが、逆に明らかになりました。

そのような経過をたどりつつ、私は「インクルージョン」の哲学を知りました。西洋の福祉哲学であるインクルージョンとは、たとえお互いにどのような違いがあろうと、社会全体で包み込み、支え合うという考え方です。排除と分断の社会にあって、国連の目指すこのインクルージョンの哲学によって社会や地域をつくり直すことの大切さを学びました。初代養護学校の校長であった私は、地域の反対があったからこそ、地域変革を主張する「インクルージョンを目指す学校」づくりに励みました、地域が露骨に反対する、ホームレスや障害者、外国人居住者を積極的に受け入れる教会は、共に支え合う「インクルーシブ教会」を目指した取り組みを行っています。そして、キリスト教会が苦しむ人々、貧しい人々を受け入れる「インクルーシブ教会」は、どうあったらよいのかを神学的に探る試みを行っています。「インクルーシブ神学」こそが、これからのキリスト教会のあり方のひな形になるものと信じています。

本書では、私の出会った障害のある人たちについて語り、また障害とは何かをさまざまな角度から検証しています。そしてキリスト教は、障害をどのように理解しているのかについても書いてあります。もともとこの本は、「障害の神義論」を中心にして書いたもので、この世を良きものとして創造された神は、障害をどのように捉えているのかを論じたものです。障害は果たして

「悪」なのか。これは私自身の問いでもあって、私なりの結論が記されています。この部分はキリスト者である方もない方も一緒に考えていただければ幸いです。

私は現在、神奈川県教育委員会が設置した「インクルーシブ教育推進運営協議会」の会長を務めていて、神奈川県内におけるインクルーシブ教育のさまざまな取り組みにかかわっています。「津久井やまゆり園事件」の起こった当該県であり、あのような事件をもう二度と起こさない共生社会づくりの根幹に、障害者、外国人居住者、貧しい人々と共に生きる社会を、子どもたちと一緒につくることを目指しています。

二〇一八年八月

鈴木文治

鈴木文治

1948年，長野県生まれ．中央大学法学部法律学科、立教大学文学部キリスト教学科卒業．川崎市立中学校教諭，神奈川県立第二教育センター，神奈川県教育委員会，県立平塚盲学校長，県立麻生養護学校長などを経て，田園調布学園大学教授．日本基督教団桜本教会牧師．
著書に，『ホームレス障害者』『閉め出さない学校』（日本評論社），『学校は変わる』（青木書店），『インクルージョンをめざす教育』『排除する学校』（明石書店），『インクルーシブ神学への道』（新教出版社）などがある．

障害を抱きしめて
もう一つの生き方の原理　インクルージョン

2018年9月25日　第1刷発行

著　者　鈴木文治《すずきふみはる》

発行者　中川和夫

発行所　株式会社 ぷねうま舎
〒162-0805　東京都新宿区矢来町122　第二矢来ビル3F
電話 03-5228-5842　　ファックス 03-5228-5843
http://www.pneumasha.com

印刷・製本　株式会社ディグ

ISBN 978-4-906791-95-8　　Printed in Japan

ちいろば園と歩んだ25年
——障がい者と「共に生きる」社会を目指して——
高見敏雄
四六判・二一〇頁
本体一八〇〇円

知的障害福祉政策にみる矛盾
——「日本型グループホーム」構想の成立過程と脱施設化——
角田慰子
A5判・二三〇頁
本体三六〇〇円

養生訓問答
——ほんとうの「すこやかさ」とは——
中岡成文
四六判・二一〇頁
本体一八〇〇円

となりの認知症
西川　勝
四六判・二〇〇頁
本体一五〇〇円

死で終わるいのちは無い
——死者と生者の交差点に立って——
三橋尚伸
四六判・二一六頁
本体二〇〇〇円

3・11以後　この絶望の国で
——死者の語りの地平から——
山形孝夫・西谷　修
四六判・二六二頁
本体二五〇〇円

3・11以後とキリスト教
荒井　献・本田哲郎・高橋哲哉
四六判・二二四頁
本体一八〇〇円

パレスチナ問題とキリスト教
村山盛忠
四六判・一九三頁
本体一九〇〇円

民衆の神　キリスト
——実存論的神学完全版——
野呂芳男
A5判・四〇〇頁
本体五六〇〇円

ぷねうま舎

表示の本体価格に消費税が加算されます
2018年9月現在